APPEL AU PEUPLE

ÉLECTIONS DU 20 FÉVRIER 1876

ÉLECTEURS

AUX URNES!...

« Ce qu'il faut à la France
« c'est une autorité virile,
« capable de rassurer les hon-
« nêtes gens.

« ROUHER. »

PAR

A. CHATEL

❦

PARIS

—POGRAPHIE TOLMER ET ISIDOR JOSEPH

43, RUE DU FOUR-SAINT-GERMAIN, 43

1876

APPEL AU PEUPLE

ÉLECTIONS DU 20 FÉVRIER 1876

ÉLECTEURS

AUX URNES!...

> « Ce qu'il faut à la France
> « c'est une autorité virile,
> « capable de rassurer les hon-
> « nêtes gens.
>
> « ROUHER. »

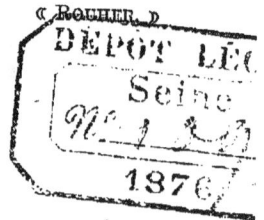

PARIS

TYPOGRAPHIE TOLMER ET ISIDOR JOSEPH

43, RUE DU FOUR-SAINT-GERMAIN, 43

—

1876

AVANT-PROPOS

I

Électeurs, aux urnes !...

Elle vient enfin de se dissoudre, cette Assemblée nationale élue en février 1871 ; cette Assemblée élue sous l'influence de la peur du sabre allemand, sous la pression des commissions municipales imposées à la France par ce prétendu gouvernement qui, issu de la plus coupable des insurrections, en un jour de malheur, avait eu la prétention de se donner comme *raison sociale* le titre pompeux de « Gouvernement de la Défense nationale » (l'ironie de l'histoire pourra seule lui conserver ce nom), ce gouvernement dont le *citoyen* Gambetta était, en province, le digne représentant, et le *citoyen* Crémieux, le plus bel ornement.

Elle vient de se dissoudre... Nous ajouterons que ce n'est ni *trop tôt* ni *trop tard*.

Nous disons : ni *trop tôt*, parce qu'il est temps que la nation soit consultée, et nous avons ajouté : ni *trop tard*, parce qu'elle a eu le temps de répudier les tristes personnages qui avaient présidé à sa formation et de flétrir leurs actes.

« Jamais, a dit un de nos adversaires politiques, « M. Boreau Lajanadie, jamais nous ne fûmes si « mal gouvernés et si mal défendus, jamais nous « ne fûmes plus désolés par l'anarchie, jamais les « ennemis de la France ne furent mieux servis par « l'incapacité, l'aveuglement et les passions de nos « chefs. »

« Gouverner en dictateurs, ajoute-t-il, exclure « de la représentation nationale, par une prescrip- « tion d'ordre public, ceux qui ne paraissent pas « offrir des garanties suffisantes d'attachement au « régime républicain, ajourner les élections ou « restreindre la liberté des électeurs en les for- « çant de choisir les élus dans un ordre de candi- « dats déterminés, telle était la politique de « M. Gambetta. (1) »

Elle avait compris, cette Assemblée, que les soû- teneurs de ce régime honteux, inauguré en pré- sence de l'ennemi, dans la journée néfaste du 4 septembre, que des personnages tels que les Jules Favre, les Pelletan, les Gambetta ne pouvaient être les hommes de la France.

Ce rapport est trop important pour que nous ne cédions pas au désir de faire connaître ici, en quel- ques mots, l'esprit et le sens le plus exact de ses conclusions.

(1) Rapport fait au nom de la Commission d'enquête sur les actes du gouvernement du 4 septembre, et distri- bué aux députés à la date du 28 décembre 1875.

Cette dictature de cinq mois, que nous a-t-elle valu?

Elle a valu à la France des défaites, des désastres, la capitulation de Paris, le démembrement du pays... Elle a valu la guerre civile, la Commune, ses crimes : l'assassinat des otages, l'incendie de nos monuments.

Qui niera que ces malheurs, ou tout au moins une partie, eussent été épargnés à la France si une Assemblée, régulièrement élue après le 4 septembre, eût présidé aux destinées du pays?...

Nos gouvernants de cette époque, s'ils eussent été assez habiles pour triompher, chasser l'ennemi, signer une paix glorieuse, auraient revendiqué pour eux l'honneur; mais, malheureux par leur faute, ils ne peuvent aujourd'hui se dérober à la responsabilité des défaites qu'ils ont essuyées, des humiliations qu'ils ont subies et fait subir à la France.

Dire que l'Empire est responsable de nos malheurs, ce serait confondre les responsabilités.

Après le coup de main de Septembre, le pays demandait la paix; le gouvernement seul persista à vouloir la guerre. Par cette persistance, il assuma une responsabilité personnelle qu'il serait injuste de faire retomber sur l'Empire.

Elle reste tout entière à la charge de ceux qui l'ont prise.

Est-ce donc la faute de l'Empire si l'on a placé,

au 4 septembre, à la tête des affaires, des hommes absolument étrangers à l'administration des choses militaires, si l'on a subordonné l'autorité des chefs de l'armée à l'autorité des préfets, violé toutes les règles de la hiérarchie, destitué des généraux pour les remplacer par des commissions civiles et des commissions d'armement, si l'on s'est entouré d'agents que l'on peut juger par leurs dépêches, de fournisseurs que l'on peut juger par leurs marchés, de conseillers que l'on peut juger par leurs combinaisons stratégiques?...

Qui a fait cela, si ce n'est le gouvernement de la « Défense nationale? »

Et s'il n'est pas responsable de ses actes, lui qui s'était imposé au pays, et qui par cela même s'était imposé l'obligation morale de vaincre, s'il n'est pas responsable, quel gouvernement le sera jamais?...

M. Gambetta a épuisé les forces de la nation dans l'intérêt d'un parti; le nom de *république*, pour lui et ses collègues, a toujours sonné plus haut que celui de *patrie*.

Ils ont foulé aux pieds toutes les libertés; le Corps législatif a été violé, les Conseils généraux, les Conseils municipaux, régulièrement élus, ont été dissous, et ces derniers remplacés par des commissions municipales; c'était le régime de l'arbitraire et du bon plaisir.

On s'est joué de la magistrature, de l'armée. On a arrêté, emprisonné, expulsé des citoyens par la seule raison qu'ils n'étaient pas républicains.

Nous avons bien le droit d'être sévères pour des hommes qui, sans mandat, sans capacité, sans compétence, sans autorité, se sont faits les maîtres de nos destinées, les juges suprêmes de notre vie et de notre honneur, des hommes qui nous ont précipités dans cet abîme où la nationalité française pouvait disparaître et périr.

« En présence de faits indiscutables et injusti-
« fiables, ajoute ce rapport, notre commission a
« dû appeler la *réprobation* de l'Assemblée et du
« pays sur la dictature du gouvernement du 4 sep-
« tembre, sur la révolution d'où elle est sortie, sur
« les usurpations et les excès de pouvoir qui en ont
« prolongé la durée au grand détriment de la dé-
« fense nationale et au grand profit de ses enne-
« mis.

« C'est devant l'histoire que nous ajournons ces
« hommes, c'est elle qui prononcera le verdict dont
« nous avons préparé les éléments. »

II

Après ce rapport d'enquête parlementaire flé-
trissant les agissements des républicains, notre tâche devient facile auprès des électeurs. Ils sau-
ront apprécier à leur juste valeur les candidats de ce parti qui se présenteront à leurs suffrages.

Nous tâcherons de raconter les faits, d'exposer quelques vérités avec tout le calme qu'exige la situation.

L'état de siége, comme l'épée de Damoclès, est suspendu sur notre tête. Nous ne porterons aucune attaque aux pouvoirs publics; nous respecterons la Constitution du 25 février...., nous la trouverons excellente, si vous le voulez, mais nous nous féliciterons que les lois constitutionnelles du 25 février, selon l'expression de M. Buffet, d'accord avec le cabinet, ne consacrent aucun principe abstrait, ne contiennent aucune déclaration doctrinale en faveur de la forme républicaine, mais seulement des dispositions concrètes; nous nous féliciterons surtout de ce que l'article 8 de cette même Constitution laisse la porte ouverte à la révision.

III

Electeurs,

Vous allez bientôt être appelés à faire entendre votre voix, à déposer dans l'urne électorale votre vote souverain...

Maintenant que les électeurs privilégiés, membres des divers conseils administratifs de France, ont doté le pays d'un sénat à la date du 30 janvier, c'est à vous, électeurs ordinaires, à nommer vos députés; le jour approche : le 20 février est là. Il est urgent que vous vous rappeliez les actes du gouvernement du 4 septembre. Il est urgent que vous vous souveniez qu'après ce gouvernement néfaste, la France a gémi assez longtemps sous le provisoire et sous l'étreinte du « sinistre vieillard » qui, impuissant à la maîtriser, tentait de la lancer dans les bras du « fou furieux ». C'est à tort que ces *politiciens*-là croient la tenir en laisse.

La France n'est la propriété de personne ;… les électeurs savent ce qu'ils veulent, et ils le montreront bientôt. Les saltimbanques de balcons, les préparateurs de fûts de pétrole en seront pour leurs frais ; leurs habiletés et leurs réticences calculées, leurs combinaisons machiavéliques touchent assez peu le pays, qui ne veut plus se laisser tromper.

Mais avant de procéder au grand acte des élections, il est bon pour notre édification, car nous sommes tous plus ou moins oublieux, de rappeler à notre souvenir les faits et gestes des divers partis qui vont entrer en lutte et de dire la vérité sur leurs agissements.

Il est bon de savoir quels sont leurs principes et quelle est la valeur des hommes politiques qui sont regardés comme *leaders* de parti.

Nous réfuterons, nous anathématiserons, nous confondrons ici les basses calomnies lancées par une presse honteuse, que des calculs ambitieux et inavouables éloignent du sang-froid d'une polémique courtoise. Nous lui retournerons ses injures, qui chez elle sont si bien placées. Nous la prierons humblement de les agréer comme l'expression sincère de nos sentiments pour elle, pour cette presse qui se plait à flatter l'écume de la société, les bas-fonds des « nouvelles couches », afin d'arriver au pouvoir et au budget.

Nous nous adresserons aux conservateurs qui, en France, sont en grand nombre.

Nous nous adresserons à ce grand parti qui, sans arrière-pensée, sans parti pris, mais par amour du bien, de la justice, soutient les gouvernements d'ordre contre les agitateurs, contre les révolutionnaires. Nous nous adresserons encore à un grand nombre d'hommes probes, sérieux, qui peuvent avoir soutenu, pendant ces dernières années, des candidats républicains modérés, mais qui ont été trompés et continueraient à l'être s'ils ajoutaient foi plus longtemps aux assertions mensongères, aux criailleries dérisoires de quelques fous ou de quelques ambitieux dont la plus grande gloire est, pour les uns, d'avoir changé d'opinion au déclin de la vie, et, pour les autres, d'avoir beaucoup hanté le café de Madrid et les quartiers galants où trône le demi-monde.

Il est temps, sinon de revenir sur ses pas, du moins de s'arrêter et de savoir sur quel terrain nous marchons ; il est temps de savoir si réellement, en France, nous sommes un grand parti conservateur.

Conservateurs!... On a, depuis quatre ans, odieusement abusé de ce mot, on a outragé l'idée

qui s'attache à cette expression. Tout le monde se
dit conservateur...

— Conservateur de qui ?... conservateur de
quoi ?... demandait naïvement M. de Girardin.

— Eh mais, conservateurs des grands principes
antérieurs et supérieurs à toute société et des lois
qui les régissent, monsieur ; conservateurs de l'ordre, c'est-à-dire de la paix publique, de la religion,
c'est-à-dire de la morale, de la famille, de la propriété ; conservateurs des grandes institutions que
le travail des siècles nous a léguées.

Cette réponse n'est pas neuve, mais elle nous
semble encore incontestable.

Les républicains se disent conservateurs, et ils
osent taxer leurs adversaires politiques de révolutionnaires, d'agitateurs ; c'est là une triste confusion, bien digne des temps où nous vivons !... Si
l'on avait le droit d'être regardé comme conservateur parce qu'on veut maintenir le régime républicain, le régime *existant*, le régime sous lequel on
vit, M. Gambetta, M. Félix Pyat, M. Vermesch,
M. Naquet, dont vous connaissez cependant le pro-
gramme politique, seraient des conservateurs.

Sous la Commune, de sinistre mémoire, les Cluseret, les Rochefort, les Raoul Rigault pouvaient
donc, d'après vous, se dire conservateurs ?... Que
voulaient-ils, sinon conserver leur gouvernement,
qui n'était pas, que nous sachions, très-conserva-
teur ?...

Comment trouvez-vous ces conservateurs-là, monsieur de Girardin?...

Ce sont là de ces sortes d'assertions qui ne supportent pas la discussion.

Nous nous adressons donc, disions-nous, au parti modéré ; nous le prions, nous le supplions, pour la France, pour la patrie, de jeter les yeux sur ce qui s'est passé, de méditer sur l'influence néfaste des révolutionnaires, de considérer la profondeur de l'abîme où ils nous conduisent.

Il est opportun, il faut que tous les hommes d'ordre, d'un commun accord, votent pour les candidats conservateurs qui, dans le pays, ont le plus de chance de barrer le chemin au républicanisme ou au radicalisme, car l'un c'est l'autre.

Quel est donc le parti conservateur, le parti de l'ordre qui offre le plus de garanties au bien, à la justice, à la sécurité?...

Quels sont les candidats pour lesquels doivent voter tous les Français qui veulent le bien de leur pays, qui ont le souci de leur dignité et de leur honneur?...

La réponse à cette question ressortira clairement et péremptoirement de l'exposé sommaire que nous allons faire ici de chacun des partis en présence.

ÉLECTEURS, AUX URNES !

LÉGITIMISTES

—

I.

Le parti légitimiste est un parti très-inoffensif et dont les déclarations anodines ne sauraient beaucoup ni longtemps nous préoccuper.

Ce parti, on le cherche partout, on ne le trouve nulle part ; Diogène, à l'aide de sa lanterne, eût été sans doute plus heureux à trouver un homme, que nous, à rencontrer un légitimiste. Ce parti est enfoui dans quelque château, dans quelque palais épiscopal, où l'on rêve encore à un autre temps. Ces quelques *purs* voient leur *Roy* sur un banc de nuages, enveloppé dans les plis de son drapeau blanc, et ils attendent platoniquement que le Dieu d'Israël, le Dieu des armées, le leur ramène comme un sauveur providentiel.

Ils ont failli, cependant, en octobre 1873, voir leurs désirs réalisés ; la fusion de la branche aînée et de la branche cadette venait de s'opérer ; Henri V, le fils de la duchesse de Berry, avait, à Frohsdorff, donné le baiser de réconciliation au comte de Paris, petit-fils de Louis-Philippe, qui avait déshonoré la mère d'Henri V; le petit-fils du frère de Louis XVI avait mis sa main dans celle de l'arrière-petit-fils de Philippe-Egalité qui, en 1792, avait voté la mort de son cousin.

Mais la fusion ne pouvait être ni sérieuse ni possible; un rapprochement sincère, entre les deux branches séparées, ne pouvait être fécond, et le vieil adage qui dit que l'on n'a jamais greffé des chardons sur des lis, avait ici son exacte application, quoique les légitimistes comptassent sur la bonne foi de leurs très-chers cousins et alliés, les orléanistes.

Nous, qui étions la galerie, et par conséquent désintéressés, nous prévoyions bien que l'astuce avait passé par là,... mais, nous nous gardions bien de le dire,... nous préférions l'apprendre de la bouche des légitimistes sincères.

Entre orléanistes et légitimistes, il devait y avoir des dupeurs et des dupés;... les dupés devaient être et furent les légitimistes... Devinez quels devaient être et quels furent les dupeurs?...

Tout fut donc rompu au moment où la *clef du caveau* allait fournir l'air de l'*hosanna*, et M. de Lorgeril, la poésie dont il était en travail. Au fond, ce n'est qu'une cantate *rentrée*, et la France, certainement, a peu perdu à ne pas la connaître.

II

Relativement à ce parti, nous n'ajouterons qu'un mot. La légitimité, nous la respecterons toujours, malgré ses illusions d'un autre âge. Cependant, aux légitimistes ou pseudo-légitimistes qui useraient des vieux clichés républicains pour nous injurier, nous impérialistes, qui nous lanceraient à la face : *brumaire*, le 2 *décembre*, *Sedan*, le *vote de déchéance*, nous leur répondrons que les nations de l'Europe qui nous jalousent, au lieu de se coaliser pour venir implanter les Bonapartes sur le trône, sont toujours venues pour les renverser. Aussitôt que notre gloire, notre prospérité, sous un Napoléon, leur porte ombrage, vite un Bourbon pour étouffer et assombrir tout cela... Rappelez-vous de 1815.

Il est à désirer que, pour nous combattre, le parti légitimiste ne se laisse pas aller à emprunter au parti républicain des injures surannées et stupides. Qu'il comprenne que nous sommes les seuls conservateurs qui puissions sauver la France de l'anarchie dans laquelle tentent de la précipiter les républicains et leurs dignes alliés les orléanistes. Le parti légitimiste a appris, à ses dépens, à apprécier la politique cauteleuse, fourbe de leurs très-chers cousins. Ils ont fait ensemble assez de campagnes pendant ces cinq dernières années ; ils ont toujours été dupes. Ce sont là tout autant de leçons dont ils doivent se souvenir.

ORLÉANISTES

I

On est à l'aise lorsqu'il s'agit de parler du parti orléaniste, dont la netteté et la franchise ont toujours été le moindre défaut. Ce n'est pas la matière qui manque.

Au 8 février 1871, ils arrivèrent en nombre à Bordeaux. Ils avaient bénéficié de la haine des Français contre les républicains. Le *libéral* Crémieux, le *loyal* Gambetta, ayant exclu de l'urne électorale tout candidat impérialiste, on vota avec ensemble pour des orléanistes.

Aussi les Target, les d'Audiffret et compagnie ne tardèrent-ils pas à s'aliéner les sympathies des trois quarts de leurs électeurs en injuriant et en calomniant le parti bonapartiste.

Sous le gouvernement personnel de M. Thiers, ils n'avaient qu'un pied au pouvoir, mais ils s'entendaient parfaitement avec le reste du gouvernement pour écrire l'histoire du second Empire à la façon du père Loriquet.

Quant à leur conduite politique jusqu'en 1873, elle sentait son Machiavel d'une lieue... On tenait à passer, auprès du pays, pour des rusés, pour des malins, et cependant M. le baron Ernest de Chabaud La Tour était au pouvoir !...

Après l'essai ostensible de la fusion, après la prétendue réconciliation des princes, réconciliation dont ils désiraient et dont ils obtinrent l'échec, ils votèrent la république du 25 février 1875. Mais la France, qui n'est pas aussi naïve que le pensent les orléanistes, ne crut pas que ce fût là, de leur part, un engagement sérieux ; elle a regardé cet acte étrange purement et simplement comme une compromission mensongère ; elle a vu que, pendant ces cinq dernières années, les orléanistes n'ont jamais eu un quart d'heure ni un mouvement de sincérité, que la franchise n'avait présidé à aucun de leurs actes politiques. Soutenir d'abord M. Thiers, tenter ensuite la fusion, et finalement voter la République, ce sont là des palinodies dont un parti sérieux ne donne pas le triste spectacle.

Pour le moment ils se disent mac-mahoniens et et non révisionnistes, quoiqu'ils aient eux-mêmes intercalé dans la constitution l'article 8 qui la déclare révisable. Il est vrai qu'alors ils pensaient pouvoir seuls bénéficier de cette clause en faveur du comte de Paris ou peut-être du duc d'Aumale..., qui sait ?... Autres temps, autres mœurs !... Ces messieurs changent si souvent leur fusil d'épaule..., ils retournent si souvent leur jaquette !...

Enfin ce qu'il y a de plus clair c'est qu'ils ont tenté de jouer tous ceux qui se sont alliés à eux.

Ce sont là des procédés peu dignes de partis qui se disent conservateurs ; car sacrifier le bien-être, la sécurité de son pays à son ambition personnelle, livrer sa patrie à la république, c'est-à-dire à la destruction, l'anéantissement de la société peut-être, c'est une manière assez curieuse, assez drôle d'être conservateur.

II

La France conservatrice doit se souvenir que ce fut Philippe-Egalité qui voulut fonder l'orléanisme. Pour arriver au trône, il pratiqua tous les moyens ; il vota la mort de son cousin qui était un obstacle à son ambition et à sa cupidité ; il conspira, il fit des émeutes ou bien il les guida ; il trouva excellents comme alliés les Danton et les Robespierre qui frissonnaient d'horreur en voyant cet homme capable de telles trahisons de famille.

Ses descendants marchent aujourd'hui sur ses traces. N'ont-ils pas voté la république avec Gambetta et Naquet ?...

De 1820 à 1830, les fidèles de la branche cadette, pour se faire tolérer par la France qui les supportait avec peine, étaient contraints de se dire bonapartistes.

En 1830, ce fut l'usurpation du pouvoir par le mensonge et par l'intrigue. Nous disons par le *mensonge*, parce que les promesses de la Charte ne furent jamais exécutées ; nous avons dit par *l'intrigue*, parce que cette royauté fut l'œuvre de trois ou quatre personnalités qui l'imposèrent au pays. Nous avons dit que ce parti était *l'usurpation*, parce que la nation ne fut jamais consultée.

Ce gouvernement porta la corruption jusque dans ses dernières limites. Il serait trop long de détailler ici les procédés de chantage, de vénalité, de concussion, de népotisme qui furent exercés par les hommes qui étaient assis tout auprès du trône.

Il est important que la France considère, avant

d'envoyer des orléanistes à l'Assemblée législative, que les adeptes de ce parti ont toujours eu le plus profond mépris pour la souveraineté nationale et que le peuple n'a jamais eu de plus cruels ennemis. Sous le régime de 1830, les destinées du pays étaient entre les mains de quelques privilégiés. Le peuple qui ne pouvait faire entendre sa voix pour protester contre cette politique douteuse, n'organisait pas moins d'une cinquantaine d'émeutes à Paris seulement.

Ce gouvernement n'offrait donc ni ordre ni sécurité. Aussi une dernière échauffourée, le 24 février 1848, balaya ce trône vermoulu qui avait toujours chancelé sur ses assises. Que peut-on attendre de mieux d'un gouvernement que n'a pas sanctionné un vote populaire ?

Et ils osent vous dire, avec le langage cassant que l'on sait, qu'ils ont régné avec le consentement de la France !...

Quand on a dans son histoire une cinquantaine d'émeutes plus ou moins mollement réprimées et qu'un coup de vent vous renverse comme un château de cartes, il ne faudrait pas avoir la naïveté de raconter à ses contemporains que l'on a été un gouvernement fort, un gouvernement regretté, un gouvernement d'ordre et de sécurité ; il est bien plus prudent de se taire ou de baisser modestement son ton.

III

L'orléanisme a la prétention de se poser pour un régime établi sur des institutions libérales et parlementaires. Mais la *République Française,* journal du citoyen Gambetta, dit *l'œil de Cahors*, organe d'un parti qui a été trompé, joué, on ne peut plus, en toute occasion par l'orléanisme, vocifère ses plus gros mots, expectore ses plus poissardes expressions (ce langage lui est d'ailleurs familier) contre ses complices, les orléanistes. Voyez donc cela !... *Plume-patte* a volé *Robert-Macaire*, et *Robert-Macaire* se dédommage en disant *son fait* à *Plume-patte*. Les invectives, les injures les plus violentes ne sauraient rendre son indignation. On dirait que cette feuille parle de M. Rouher ou de M. E. Ollivier.

Avec cette différence que nos amis doivent se trouver très-honorés d'être injuriés par cette feuille ; c'est une preuve qu'ils sont quelque chose et surtout qu'ils sont honnêtes. Quant à *Plume-patte*, il reçoit en pleine poitrine les coups de boutoir de ces carnivores et ce n'est que justice... Il a voulu ruser, mais il est arrivé... trop tard.

C'est le dindon qui veut en compter à l'oie politique. Cette ménagerie fait pitié !...

Au lieu de cette morgue, de cette forfanterie, de cette effronterie qu'ils affichent, les orléanistes feraient bien de déployer leur drapeau, d'être un peu plus francs et de ne pas se dire aussi républicains ni aussi constitutionnels que cela ;... ils ne trompent que les badauds... Le Comte de Paris, les Pasquier, les d'Aumale, les Bocher ne doivent pas être, que nous sachions, de bien farouches démocrates... Le suffrage universel est, pour eux, une maigre préoccupation et la volonté nationale le moindre de leurs soucis...

A moins qu'ils ne soutiennent la République et qu'ils ne l'aiment que depuis qu'elle a été votée par l'Assemblée de Versailles à *une* voix de majorité...

Ce serait encore probable;... ces gens-là sont si drôles!...

I V

Les orléanistes disent que M. Rouher est un ré-volutionnaire, que le parti impérialiste est ennemi de l'ordre social et de la paix publique, et tout cela parce que nous sommes révisionnistes; ce qui équi-vaut à dire : quiconque n'est pas orléaniste, qui-conque a un drapeau, est un factieux. Ils sont vrai-ment étonnants... Mais on ne peut s'empêcher de penser qu'ils jouent là une comédie aussi sinistre que répugnante.

Il faut vivre dans un temps d'agitation et de fan-taisie comme le nôtre, pour entendre des arguments semblables à ceux que vous soutenez. Vos discours, véritables cloaques de la pensée, ne peuvent être parcourus qu'en se bouchant les oreilles.

Vous provoquez chez nous des haussements d'é-paules, ô jeune M. de Castellane, lorsque, vous faisant l'écho du centre droit, c'est-à-dire du parti orléaniste, vous avez laissé choir de vos lèvres, avec ce ton que vous croyez sarcastique, ces paroles pit-toresques : « Bonapartistes et Républicains, vous « êtes des frères ennemis... Vous êtes frères du « même sang de la révolution... Il y a entre nous « un abîme... Il faut que le pays sache ce que ca-« chent dans leurs plis les drapeaux enlacés de « Gambetta et Napoléon IV (1). »

Après réflexion, M. de Castellane comprendra sans doute, comme nous, qu'il est allé un peu loin

---

(1) *Assemblée nationale*, 29 décembre 1875.

dans le domaine de la fantaisie ; que son imagination un peu vagabonde a par trop fait l'école buissonnière. Cette originalité dans ses aperçus nous donne la mesure de la bizarrerie de ses goûts.

Si M. de Castellane veut nous jeter à la face que nous sommes fils de 89, que nous en admirons les principes, il a raison ; il y a un abîme entre vous, légitimistes, et nous bonapartistes. Vous légitimistes, vous prônez le droit divin ; vous, hommes de la fusion orléaniste, vous êtes les ennemis du suffrage universel ; tandis que nous, nous regardons le peuple comme le seul et unique dispensateur du pouvoir.

Oui, nos droits sont basés sur la souveraineté du peuple, mais nous ne laisserons pas dire sans protester que nous, hommes d'ordre et d'autorité, nous qui avons consacré notre vie à la défense des idées conservatrices contre le radicalisme, contre le péril social, non, nous ne laisserons pas dire que le drapeau des factieux du 4 septembre qui nous ont renversés, puisse jamais être enlacé au nôtre : car nous, entendez-le bien, orléanistes, nous n'avons jamais avec eux voté la République.

Ce rapprochement, nous le regardons comme une injure pour nous et nous le taxons de gaminerie.

Nous estimons qu'on est rarement allé plus loin dans le ridicule et la puérilité, à moins que ce ne soit dans les colonnes de l'*Echo* ou du *Moniteur universel*.

Produire de telles assertions, c'est être soi-même prodigieusement naïf ou prendre ses lecteurs pour des idiots. Vous finirez certainement par avoir honte de vous-mêmes, si vous n'y prenez garde.

Seriez-vous des fidèles de la morale de Beaumarchais : « Calomniez, calomniez, il en restera toujours quelque chose, » vous seriez réduits alors à l'état d'un d'Audiffret-Pasquier ou d'un vulgaire Savary qui n'ont jamais témoigné, il est vrai, le moindre repentir, le premier, des calomnies hideuses qu'il a débitées contre l'empire, le second, des mensonges incongrus entassés dans son fameux rapport, parce que la haine est plus forte que la conscience ; ce n'est que quand la haine s'éteint que la conscience commence à crier sous la morsure du remords ; mais nous savons que, parmi les hommes, les pires caractères mêmes ont des moments de retour.

Craignez ces moments-là... M. M. d'Audiffret et Savary ont l'air de les appréhender...

Laissez donc ces assertions paradoxales aux Narcisses de l'orléanisme, aux politiciens oligarchiques de l'ex-centre droit.

Nous rougirions de discuter plus longuement de semblables questions. Laissez la primauté de ces mensonges naïfs et grotesques aux *habiles* et aux *malins* de l'*Echo* et du *Moniteur*.

V

De là à dire que le parti bonapartiste a pactisé avec la Commune, il n'y a qu'un pas.

Aussi M. Savary, M. Léon Renault, l'amiral Saisset qui depuis s'est rétracté (1) et quelques

---

(1) Dans une lettre, en date du 25 décembre 1875, au général Appert, auteur du rapport contre l'insurrection du 18 mars 1871, l'amiral Saisset dit :

« Aujourd'hui que la séparation de l'Assemblée m'ôte « l'espérance de prendre la parole sur les grandes en-

autres personnages à esprit plus ou moins obtus se
sont joints en cela aux républicains pour lancer
cette malveillante insinuation. Ils ne l'ont pas
prouvé, mais ils ont dit que la chose était *probable*.

Lorsqu'on a la prétention cependant d'être des
gens sérieux, on ne parle pas ainsi à la légère; ce
n'est pas sur des *probabilités* et des *on dit*, mais
bien sur des *certitudes* que l'on base des assertions
d'une nature aussi grave. Nous avons enregistré la
rétractation de M. Saisset; cet acte l'honore; mais
il eût été mieux, il y a trois ans, de ne pas parler
à la légère; c'est là une leçon de prudence pour les
hommes politiques qui ne voudraient pas être
obligés de se donner plus tard un démenti.

Et vous, messieurs d'Audiffret, Renault, Savary
et *tutti quanti*, à quand votre rétractation? C'est à
votre tour, ce semble...

Sérieusement, voyons... Il s'agit de s'entendre...
qui voulez-vous tromper?... Avoir pactisé avec la
Commune, nous, bonapartistes!... Nous qui n'avons
cessé de dénoncer les infâmes doctrines de ce parti,
nous, qui avons honni ses chefs et stigmatisé ses
actes honteux,... mais cela ne soutient pas la discussion... Si nous étions leurs alliés, si nous avions
pour eux la moindre sympathie, nous demanderions

« quêtes... après avoir très-minutieusement recherché et
« recueilli, durant près de cinq ans, tout ce qui pouvait
« redresser mon jugement sur les hommes et les choses
« de l'époque néfaste de 1871..., je considère comme un
« devoir d'*honneur* et de *loyauté* de vous faire la déclara-
« tion suivante : Rien, absolument rien ne vient justifier
« ce que j'ai pu affirmer être l'œuvre d'un parti tout en-
« tier... Aujourd'hui je crois être juste vis-à-vis de moi-
« même, aussi bien que vis-à-vis de mes adversaires en
« effaçant de ma déposition ce qui concerne le parti de
« l'Empire. »

l'amnistie, comme le font chaque jour les républicains, tandis que nous avons une égale horreur des criminels et de ceux qui sollicitent leur pardon.

S'il est un parti qui ait besoin d'électeurs, d'agitateurs et d'agents électoraux ce n'est pas le nôtre, car nous ne sollicitons nullement l'amnistie, à moins que ce ne soit pour de pauvres égarés, pour les malheureux qu'a trompés une collection d'assassins, de bandits et de républicains. Oui, si les égarés sont dignes des sympathies des honnêtes gens, les meneurs de ce parti doivent être honnis. Les républicains les feraient monter au Capitole, nous, nous les traînerons aux gémonies; nous ne voulons plus passer sous leurs fourches caudines.

D'ailleurs qu'étaient les chefs de la Commune, sinon les révolutionnaires qui ont renversé l'empire?...

Voyez-vous Cluseret le cosmopolite, Rochefort le lanternier, Delescluze le terroriste, Ranc le fileur, Millière l'énergumène, Flourens le fier-à-bras, Courbet le déboulonneur, Ferré l'incendiaire, Vésinier le hideux, Eudes le licencieux, Raoul Rigault l'infâme, Gambon l'homme à la vache que vous savez,... Blanqui le cynique, Paschal Grousset le farouche, Piat le farceur, Billioray le plaisantin et le tapageur, Vermesch le féroce et le sanguinaire, et toute cette collection d'insensés, d'amis du budget, ces pantins, ces polichinelles, ces paillasses, ces cannibales de la Commune, tous ces gens et autres du même acabit, qui ont eu soin de mettre la frontière entre eux et nous; voyez-vous tout ce *monde-là* déguisé en *bonapartistes!* cela se passe de commentaires, cela fait rêver!... Après de telles assertions il faut tirer l'échelle, à moins qu'elle ne tombe d'elle-même.

2

Tous ces agitateurs que l'on croyait, et à juste titre, républicains ont assez guerroyé contre l'Empire pour que les adeptes de la république ne les repoussent pas et pour qu'ils sollicitent leur pardon... Ne pas agir ainsi serait de leur part de l'ingratitude... mais, de grâce, gardez vos hommes !... Nous ne voulons pas faire un *Quatre-Septembre* pour les caser dans les ministères ou les mairies, comme l'a fait, à l'égard de la plupart d'entre eux, le *Gouvernement de la défense nationale.*

VI

Cette assertion est tellement insensée que, pour la confusion de ceux qui osent nous accuser d'une telle alliance, nous n'aurions que besoin de leur mettre sous les yeux un décret de la Commune signé par le terroriste Raoul Rigault et plusieurs de ses pareils.

Le procureur de la Commune présente un décret ainsi conçu :

« La Commune de Paris décrète :

« Un jury d'accusation pourra provisoirement, « pour les accusés de crimes et de délits politiques, « prononcer des peines aussitôt après avoir pro- « noncé sur la culpabilité de l'accusé. »

Et il ajoute :

« Je déclare que je demanderai qu'il ne soit pas « tenu compte de la prescription pour les crimes « de cette espèce. Et je place sur la même ligne les « hommes qui sont d'accord avec Versailles et *les* « *complices de Bonaparte* (1). »

(1) *Journal officiel* de la Commune, séance du 17 mai 1871.

Et cette proclamation de la Commission exécutive de la guerre signée : Bergeret, Eudes, Duval, comment la trouvez-vous ?...

« Les conspirateurs royalistes ont attaqué... Ne « pouvant plus compter sur l'armée française, ils « ont attaqué avec les zouaves pontificaux et *la* « *police Impériale* (1). »

Les bonapartistes avaient là, il faut l'avouer, de drôles d'alliés, ne trouvez-vous pas, MM. Renault, Saisset et Savary ?...

Il faudrait au moins que les critiques que l'on adresse à ses adversaires politiques fussent vraisemblables, sinon sensées.

Mais ils tiennent surtout à une chose, c'est à se donner à eux-mêmes le plaisir de dire que nous sommes des révolutionnaires.

On est révolutionnaire, disent-ils, dès qu'on tend à changer hâtivement l'ordre de choses légitimement établi.

Comme ces journalistes sont *fins !*... Comme ils manient bien le pavé de l'ours à l'égard de leurs princes, comme ils sont cruels à l'égard de ceux qu'ils appellent leurs hommes politiques !...

Mais, vous n'avez donc été que d'infâmes révolutionnaires pendant toute la durée de l'Empire ; vous n'avez donc été que des agitateurs de bas-étage au quatre-septembre, pendant que s'accomplissait cette abominable révolution , pendant qu'elle s'accomplissait par la violence sur tous les pouvoirs réguliers, sur le Corps législatif lui-même, de complicité morale avec l'étranger vainqueur ; vous n'avez donc été que des traîtres et des factieux !... Car, de concert avec les républicains, ce

---

(1) *Journal officiel* de la Commune, séance du 4 avril 1871.

jour-là, pendant que l'ennemi était à nos portes, vous avez agité vos mouchoirs blancs sur le perron du palais Bourbon ; vous avez appelé la foule, la plèbe du drapeau rouge, celle qui fusille rue Axo, celle qui, à ses banquets, à ses festins aime à se *servir* quelque cadavre, vous l'avez excitée à vous aider dans cette œuvre criminelle ; vous vous êtes alliés à ces chevaliers de grands chemins qui sont venus à nous le revolver au poing, à ces personnages interlopes qui osent parler de probité, d'arbitraire, de tyrannie et qui ont élevé, eux-mêmes, la terreur à la hauteur d'un système gouvernemental ; vous vous êtes faits les sbires, les séides et les comparses de ce monde qui soulève la conscience publique, de ces tribuns forcenés qui croient avoir fait merveille quand ils ont accouché de quelque philippique véhémente ou insensée ; vous avez fait chorus avec cette tourbe famélique qui, frémissante et exaltée, se plaît à afficher sa crânerie vaniteuse et idiote au lieu d'aller à la recherche du sens commun, à ces insulteurs qui, dans leur *delirium tremens*, osent prononcer les mots *honneur, justice, dignité*, mais à qui on ne reconnaît pas qualité pour proclamer ce qui est dignité, justice et honneur.

C'est là pour vous une tache indélébile.

Actuellement encore vous vous targuez d'être conservateurs et vous votez cette Constitution qui ne peut que servir de vestibule à la révolution ; vous votez la république, système gouvernemental sur lequel vous avez toujours lancé vos plus cruels anathèmes !... Vous vous êtes alliés à Gambetta, ce qui vous a valu la haine violente de tous les Français qui ont encore quelque sentiment de pudeur.

L'opinion de la France est faite sur vous ; elle

vous regarde comme de faux conservateurs ; vos
ridicules prédications ne sauraient la faire changer
d'avis.

D'ailleurs, il est inutile de jouer plus longtemps
sur les mots, allons ; les vrais révolutionnaires,
c'est vous ;... car, vouloir le maintien de la république, c'est vouloir la révolution ; vous allez même
jusqu'à prétendre que l'on ne puisse songer à la
clause de révision qu'elle renferme !...

Avouez donc que sciemment vous prêtez la main
aux républicains pour nous conduire à l'abîme, et
dans quel but inavouable !...

Quoique vous le sachiez fort bien, vous ne voulez pas avouer que nous soyions les vrais conservateurs, le seul gouvernement qui puisse nous tirer
du gâchis ; vous ne voulez pas l'avouer, car vous
voulez encore courtiser vos princes, vous tenez à
leur plaire ; vous voulez qu'ils conservent leurs
commandements dans nos armées de terre et de
mer !... C'est sacrifier son pays à de bien mesqui-
nes ambitions...

Croyez bien que cet acte inouï que vous avez
commis, vous, prétendus conservateurs, vous
orléanistes, le 25 février, a comblé la mesure.
Vous vous êtes mis à la queue de la cohue radicale
qui inspire au pays autant de dégoût que d'horreur ;
vous avez fait la république de complicité avec la
faction abjecte et criminelle qui a coûté à la France
le quatre-septembre et la Commune. Vous voulez
être retors ; vous affectez des habiletés, des finasse-
ries de procureur pour faire excuser votre alliance
peu scrupuleuse et votre vote démagogique, mais
quoique vous soyiez très-versés dans les roueries
de l'art sophistique, vous ne parviendrez pas à nous
donner le change. La saine morale réprouve ce

2*

vote. C'est en vain que vos plus fiers paladins rusent à la tribune, qu'ils dressent leurs cohortes à des tours de passe-passe : votre politique apparaît sous son jour faux et oblique; vos jongleurs ne nous trompent pas.

La nation ne saurait désormais vouloir de vous et se laisser prendre à vos procédés corrupteurs. Vos candidats sans couleurs seront évincés, et ce ne sera que justice. Lorsqu'on a, comme vous, prêté la main à toutes les ambitions, servi tous les drapeaux, car ils sont nombreux les Savary dans votre parti; lorsqu'on a, au 4 septembre, concouru à former cette mascarade qui s'intitula : « Gouvernement de la défense nationale, » que l'on a servi M. Thiers taxant de *fou furieux* le chef du précédent gouvernement ; lorsqu'on a fait la réaction du 24 mai pour arriver à voter la république que vous renverseriez, si vous pouviez, ceci est évident ; lorsqu'on a fait tout cela, ne trouvez-vous pas que l'on est passablement caméléon ?...

Nous ne ferons pas de commentaires sur la question d'indignité qui se dégage de pareilles palinodies,... la France les fera bientôt.

Sa vengeance sera simple ; elle consistera à biffer du bulletin de vote le nom de ces candidats *mélis* qui n'ont pas de drapeau ; elle vous rendra à la vie privée d'où vous ne sortirez plus, espérons-le, et votera pour les candidats bonapartistes qui sont les seuls candidats conservateurs.

RÉPUBLICAINS

—

I

La haine et le mépris de la république seront toujours les signes auxquels les honnêtes gens se reconnaîtront entre eux.

On a vu à l'œuvre, en 1793, les Marat, les Danton et les Robespierre; en 1848, les Ledru-Rollin, les Blanqui et les Barbès; au Quatre-Septembre, les Gambetta, les Jules Favre et les Pelletan; au 18 mars, les Delescluze, les Rochefort, les Raoul Rigault et les Vermesch.

Pour ces personnages « dont les fortunes poli-« tiques naissent, s'épanouissent et s'étalent à la « suite de nos luttes intestines et sanglantes et au « milieu des deuils qu'ils ont eux-mêmes prépa-rés » (1), pour tous ces personnages et pour leurs doctrines qui apparaissent aux époques sinistres de notre histoire, nous devons avoir la plus grande aversion.

Sans parler des chefs du parti impérialiste qui ont, en toute occasion, à la tribune et ailleurs, dé-savoué ces époques sanguinaires et criminelles, nous pourrions citer contre cette forme de gouver-

(1) Discours de M. Grandperret. Cours d'assises de la Seine, 13 décembre 1871.

nemént, l'appréciation de plusieurs personnages importants du parti légitimiste et du parti orléaniste.

M. Bocher, un orléaniste s'il en fût, ne s'est-il pas écrié un jour à l'Assemblée nationale :

« Trois fois la république est née, trois fois elle
« a été fille de la violence et de la sédition... Une
« poignée d'ambitieux, de factieux s'est ruée sur le
« pouvoir, et la sédition est restée maîtresse du ter-
« rain... Des hommes sans mandat, sans qualités,
« sans titres, des séditieux en un mot, ont disposé
« à leur gré de l'avenir du pays... La république
« n'a été le résultat ni des vœux de la nation, ni
« d'un vote populaire ; ils l'ont imposée... » (1).

Cette tyrannie brutale qui s'est fondée à ces diverses époques tantôt par la proscription, tantôt par les noyades et les fusillades, s'est imposée au pays, dans la journée du Quatre-Septembre, en présence de l'ennemi foulant aux pieds le sol national, par la suppression de toutes les libertés publiques, par l'étouffement des cris d'indignation, par la persécution de 8 millions d'électeurs qui venaient de ratifier la Constitution impériale de 1870.

Le Quatre-Septembre a été un crime de lèse-nation, le crime le plus abominable, le plus monstrueux que les partis factieux puissent commettre.

Les prétendus conservateurs qui ont concouru à l'accomplissement de cet acte honteux, qui ont livré la France aux rancunes de la démagogie, qui ont favorisé la haine des pires scélérats, devraient, s'ils étaient capables de quelques scrupules, sentir

(1) Assemblée nationale, séance du 22 janvier 1875.

le rouge leur monter au front chaque fois que le mot *conservateur* est prononcé devant eux.

Cette manière tyrannique de s'imposer a toujours été profondément antipathique à tous ceux qui ont conservé le sentiment de la loyauté nationale ; pour eux, le gouvernement de ces *incompris*, de ces *déclassés* n'a jamais été qu'un gouvernement d'estafiers et de saltimbanques aussi malhonnêtes que cupides.

Malgré le mépris public, ces révolutionnaires, ces personnages affamés qui conspirent toujours, histoire de ne pas en perdre l'habitude, ces personnages sans foi, sans pudeur, sans dignité, soutenus, par ce monde interlope qui a épuisé le fruit de ses rapines, de ses vols et pour qui un nouveau 4 septembre ou un nouveau 18 mars serait une manière de ravitaillement, eh bien ! malgré le mépris public, cette horde d'aventuriers sans scrupule reste un danger réel pour le pays.

Qui est-ce qui joue un rôle dans les révolutions et dans les crimes qui en sont la conséquence, sinon les débauchés, les faillis, les faussaires, les gens sans honneur et les fous ?...

Tous les hommes de cœur ont une haine vigoureuse contre les dictateurs de bas étage, les adulateurs de « nouvelles couches ». D'un commun accord et par une énergique réprobation, ils flétrissent leurs actes criminels et odieux.

Ce monde-là ment sans cesse avec une puissance d'effronterie que l'on ne rencontre pas ailleurs. Ils ne peuvent pas ouvrir la bouche sans dire une *gasconnade*. Cherchant à donner le change, ils voudraient faire passer leurs ignobles calculs d'intérêt et d'ambition pour de hautes combinaisons politiques, et leur basse servilité aux ap-

pétits populaires pour du dévouement au pays;
mais leur duplicité est connue... On sait qu'ils in-
voquent les formules de la liberté pour la détruire,
et la souveraineté de la nation pour l'enchaîner.

Leur coup de main de 1870, leur délégation dic-
tatoriale et terroriste en province nous a complète-
ment édifiés sur le cas que nous devons faire de leur
protestation de libéralisme.

Il est vrai que le Quatre-Septembre fut, pour la
plupart, une affaire autant financière que politique.
Le plus grand nombre des jeunes gens qui font
partie de la bande à Gambetta étaient dans le dé-
nûment. Lorsque ce dernier, personnage triste-
ment célèbre, se fut fait la part du lion, il s'agis-
sait d'organiser en grand une manière d'écumer
les millions de la nation; la France est piétinée par
l'ennemi, se dirent-ils, le contrôle est difficile à
exercer; marchons...

On peut difficilement faire l'histoire de ces factieux; leurs antécédents sont presque aussi incon-
nus que le nombre de leurs spoliations, de leurs
brigandages, de leurs déprédations pendant qu'ils
détenaient le pouvoir; aussi, quoique l'on sache que
ce sont de tristes personnages, on ne sait à quel degré ils sont méprisables; mais, combien a dû coû-
ter à la France cette horde de mendiants?. Dieu
seul le sait!...

Nous avons été témoins, pendant les cinq mois
néfastes de la guerre de 1870, de choses tellement
honteuses que, pour l'honneur du pays, on devrait
les rayer de notre histoire. Les proconsuls gambet-
tistes autorisaient, commandaient même les gra-
vures les plus obscènes contre la famille impériale.
Ils sont allés jusqu'à *expédier* en province, dans les
bourgs, dans les villages même les plus retirés, des

femmes complétement vêtues de rouge (et *quelles femmes*, grand Dieu!...) qui, montées sur une chaise, au milieu d'une foire ou d'un marché, débitaient avec force gestes des insanités longuement apprises, des boniments d'un goût plus que douteux.

Ce tableau, d'une obscénité indiscutable, aurait, en d'autres temps, beaucoup amusé nos bonnes gens des campagnes, mais ils se contentaient, à chacune des tirades insensées de ces viragos, de hausser les épaules de dégoût et de sourire de pitié.

Ces sortes de choses paraissent incroyables, mais nous affirmons, sur l'honneur, avoir été témoins de ces tristes scènes. De tels agissements, d'ailleurs, n'étonneront pas ceux qui connaissent à fond ce monde-là; ils savent que la caque sent toujours le hareng.

Par leurs actes honteux, ils ont tellement écœuré les populations que nos adversaires eux-mêmes, les gens sensés, les gens honnêtes, les gens qui se piquaient de quelque éducation, ont protesté.

M. Carayon-Latour, un légitimiste s'il en fut, lui qui a dit : « Nous ne voulons pas de l'Empire, » s'est, un jour à la tribune, fait leur écho:

« Quant à moi, s'est-il écrié, j'ai été indigné, « lorsque j'ai entendu dans nos rues, sur nos pla- « ces publiques, ces injures adressées à un pouvoir « tombé (l'Empire), à une femme exilée, à un sou- « verain prisonnier de guerre (1). »

Cette triste époque restera longtemps dans notre mémoire comme une humiliante actualité.

_____

(1) Assemblée nationale, séance du 22 janvier 1875.

Nous ne confondons pas les hommes qu'on est convenu d'appeler républicains modérés avec les radicaux dont nous venons de flétrir les faits et gestes, mais, quoique plus honnêtes, les premiers ne valent pas mieux que les derniers ; ce sont des aveugles qui nous conduisent à l'abîme sans s'en douter ; ils ne veulent pas voir que de la république modérée à la république radicale il n'y a que la distance d'un vote.

D'ailleurs, où est la différence entre un républicain centre-gauche et un républicain gauche ou gauche radicale ?... On peut difficilement en établir dans leurs agissements, voire même dans leurs revendications.

Si les républicains nuance Thiers n'ont pas encore dit que « le régime républicain était au-dessus de toute discussion », c'est sans doute parce qu'ils se souviennent que leur chef de file fit autrefois tirer sur les radicaux ; la fusillade de la rue Transnonain est là ; on ne peut nier les faits qui sont acquis à l'histoire... Il n'en est pas moins vrai qu'actuellement ils concourent tous au même but : *la fondation de la République*.

M. Thiers et M. Gambetta votent ensemble ; le premier a traité le dernier de « fou furieux .. », mais, c'est une vétille !... Il paraît qu'ils étaient dignes de s'entendre... Ce sont, pour le moment, deux frères siamois de l'urne parlementaire.

Chaque jour, le premier reçoit son châtiment. La *République française* qu'inspire le second, après l'avoir bafoué, vilipendé, traîné dans la boue lors de l'élection Barodet, le louange longuement.

Ce parti des modérés, au contact des exaltés, ne tardera pas à devenir aussi peu scrupuleux, aussi pédant que celui dont il s'est fait le comparse. Il apprendra à mentir impudemment, à payer d'audace en toute occasion. Il finira par oublier qu'à l'audace il y a une limite.

Ils vous disent, en prenant de fort grands airs, et par la seule raison que vous soutenez une thèse différente de la leur, ils vous répètent sur tous les tons, ces prétendus Nestors de la politique, cette grosse balourdise que seuls les *Gagne* du *Rappel* ont pu inventer : « Vous allez à l'encontre de l'o-« pinion publique, vous marchez contre elle..., « vous ne tenez aucun compte des désirs de la na-« tion;... nous sommes les seuls qui ayions rai-« son;... toute politique contraire à la nôtre est « une politique insensée. »

Et d'abord, connaissez-vous pleinement, entièrement l'opinion du pays?... Puisque vous vous dites les adorateurs de la souveraineté nationale, pourquoi n'avez-vous pas voté avec nous, lorsque nous avons demandé *l'appel au pays?*... Y a-t-il une autre manière d'être fidèle au désir de la nation que de l'appeler à se prononcer sur le gouvernement qu'elle désire?...

A vous entendre, votre conduite politique serait la seule sensée... mais, vous auriez donc le monopole de la raison, du bon sens!... Ce n'est pas probable...

Tiendriez-vous une agence pour le bien-être des peuples?... Ce serait charmant!...

Donnez-nous donc la recette;... nous qui avons toujours cherché à faire le bien du pays, nous qui avons, pendant tant d'années, rendu le peuple heureux, qui avons toujours défendu ses intérêts, nous trouvons que nous n'avons pas assez fait... Oh! donnez-nous la recette, afin que nous devenions impeccables;... alors nous serons avanta-

3

geusement consolés de vous voir voter avec les
Gambetta, les Lockroy et les Naquet, amis des Ranc
et des Rochefort, deux communards qui, comme
tant d'autres, ont « emporté la patrie sous la se-
melle de leurs souliers, » n'est-ce pas, M. Gambetta?...

Le républicanisme modéré donc, d'après les
Débats, le *Temps*, deux journaux olympiens,
d'après le *Courrier de France*, le *National*,
d'après... M. Prud'homme et Calino peut-être,...
le républicanisme modéré *seul* suivrait une ligne
politique sensée. Depuis M. Wallon, le père de la
République, jusqu'à M. Naquet, l'intransigeant,
tous se donnent la mission de sauver la France;
chacun se précipite lorsqu'elle se pâme, c'est à
qui lui glissera une clef dans le dos; mais, c'est
M. Spuller qui ne va pas être content, lui qui
veut que M. Gambetta ait aussi *seul* une conduite
politique sensée, lui qui, chaque fois que l'ex-dic-
tateur de Bordeaux ou le proconsul de Lyon
monte à la tribune, apprécie leurs discours, dès
le lendemain, avec une candeur digne de l'âge
d'or. Ce monde-là s'encense lui-même d'une façon
écœurante. Le cliché, d'ailleurs, est toujours le
même.

On nous raconte que « l'orateur, habile à tout
« dire, maître de son sujet et de lui-même, a été
« *incomparable*, qu'il a terrassé ses adversaires,
« dont l'abattement était tel qu'ils semblaient avoir
« perdu le sens politique; qu'il les a réduits à
« l'écouter dans une silencieuse admiration; qu'il
« les a subjugés par la force de ses raisons autant
« qu'éblouis par l'éclat de son talent. Quelle verve,
« ajoute-t-il en manière de péroraison, quels ac-
« cents, quelles vues justes exprimées dans le plus

« beau langage ! Avec quel enthousiasme la France
« lira ce chef-d'œuvre (1). »

Voilà un coup d'encensoir typique... Quel gali-
matias, grand Dieu !...

Avec leurs bravades, leurs discussions byzantines, leurs arguments renversants, si nous n'étions
pas aussi bien trempés, ces gens-là nous pétrifie-
raient fossiles.

Oser exposer, avec une telle audace d'affirma-
tion, ces énormités plaisantes et grotesques, c'est
le propre de gens malades ou dégénérés ; d'ailleurs
le bout de l'oreille est facile à voir.

Quant à nous, qui n'avons pas, comme ces messieurs, la prétention d'être sortis de la cuisse de
Jupiter, nous qui ne sommes que de simples mor-
tels, nous nous contenterons de leur dire : nous ne
confondons pas nos orateurs, nos écrivains, nos
journalistes, avec ce monde-là qui, tout en affec-
tant des allures cicéroniennes, ne parviendra pas
à se faire prendre au sérieux ; nous ne flatte-
rons pas nos hommes politiques en disant d'eux
qu'ils ont une tout autre valeur que les demi-dieux
du radicalisme.

D'ailleurs, c'est comme chez Nicollet, toujours
de plus beau en plus beau. Ces flagorneries nau-
séabondes, ces articles insensés pour faire mousser
votre *sujet* ne trompent personne... Ne tendez pas
trop la corde, M. Spuller, elle romprait... Vous
devriez savoir, du reste, *vous qui savez tant de
choses*, que trop élever le piédestal c'est amoindrir
la statue.

Qui donc a une conduite politique sensée ? Est-ce
l'*Evénement*, la *République française* ou les

(1) *République française*, numéro du 31 décembre 1875.

Débats?... Est-ce M. Thiers, M. Gambetta ou
M. Naquet?... Faites votre choix... En tout cas,
ils ne sauraient avoir tous les trois raison. Il serait
même possible qu'aucun d'eux ne fût un sage.

Devine, si tu peux; choisis, si tu l'oses.

II

Le monde républicain, dont rien ne peut éton-
ner, a toujours mis une triste fatuité à braver la
répugnance générale qu'il inspire ; il ne cesse de
s'encenser lui-même jusqu'à satiété ; il pousse cette
débauche de · fatuité , d'inconvenance , jusqu'à
l'écœurement.

Son unique occupation consiste, d'ailleurs, à se
déconsidérer toujours davantage dans l'opinion
publique.

Ce n'est pas nous qui nous en plaindrons, mais
ce serait cependant une œuvre pie et bien agréable
au pays si les citoyens du radicalisme parvenaient
enfin à comprendre qu'il appartient à eux, moins
qu'à qui que ce soit, de faire magistralement la
leçon à autrui. Prenez le *Siècle*, le *Bien bublic*,
l'*Evénement*, le *XIXᵉ Siècle* et *tutti quanti*... Ecou-
tez !... Le *Rappel* régente, la *République française*
dogmatise.

Les quelques décavés qui forment la collection
incongrue de leur rédaction nous content, chaque
jour, quoique personne ne demande leur avis,
un boniment sur les conditions d'un bon gouvernement. Hélas ! les lauriers de *M. Gagne* les em-
pêchent de dormir !...

Cette confiance qu'ils ont en leurs lecteurs est

chose suffisamment enfantine, mais ils ne s'arrêtent pas en si beau chemin... Ils vous disent volontiers qu'ils consacrent leurs *lumières*, leur *génie*, aux grands progrès de notre éducation politique... Voyez-vous cela !... Les Floquet, les Clémenceau ne diraient pas mieux... Pauvres pédants !... Est-ce assez naïf !...

Quiconque, il est vrai, connaît les figures républicaines et a pu apprécier leur caractère dans sa platitude innocente et banale, prend en pitié tous ces *grotesques*, et déplore qu'il y ait encore tant de beaux jours pour Charenton.

« Cette engeance vermineuse, comme l'appelle M. Joli, qui vit de politique et mettrait le feu au quatre coins de la France pour s'assurer les moyens de jouir et de subsister, » cette bohème des lettres, ces génies incompris, ces culotteurs de pipes qui ont occupé des *postes importants* sous Gambetta, ces grands consommateurs de bocks que regardaient, avec dégoût, nos bons provinciaux, font magistralement la leçon au peuple français, et le peuple français n'est pas content !... Il faut avouer qu'il est difficile !... Il y met vraiment de la mauvaise volonté !...

Comment ! vous n'êtes pas satisfait que le citoyen Lockroy, l'homme *carpe-lapin* que vous savez, que le citoyen Challemel-Lacour, le personnage du « *fusillez-moi ces gens-là* » vous régentent; que le citoyen Spuller qui, lorsqu'il se fut *bombardé* préfet, regardait ses administrés comme ses *sujets*, vous admoneste !... Vous n'êtes donc pas engoués de ces amis du bonnet phrygien !... Décidément vous n'êtes pas reconnaissants !...

Fort heureusement, vous ne pouvez pas dire ici : « les deux font la paire », car ils sont trois et il serait laborieux de chercher lequel de ces trois personnages est à dépareiller.

Voudriez-vous insinuer, par hasard, qu'au lieu de vous donner des conseils, ils feraient mieux de comprendre que leurs oreilles ont besoin d'une jolie paire d'étuis, dont vous pourriez leur faire cadeau ?... Ce serait dur...

D'ailleurs, songer à pourvoir d'un tel présent, d'un objet si utile à cacher la difformité commune à la collection tout entière de ces barbouilleurs de papier, de ces gâcheurs d'encre, ce serait trop onéreux, ne vous mettez pas sur ce pied-là ; si vous en distribuez aux Lockroy, aux Challemel et aux Spuller, il y en a beaucoup qui seront jaloux : demandez plutôt aux Castagnary, aux Vacquerie, aux Isambert, aux Pelletan... Ne portez pas la désolation chez ces *graves personnages.*

Laissez-les, tout à leur aise, abuser du don brillant de la fantaisie ; laissez-leur croire qu'ils sont des gens d'esprit. Contentez-vous seulement de hausser les épaules, quand ils poussent la hardiesse jusqu'à vouloir persuader à votre crédulité qu'ils sont conservateurs.

Consolez-vous, électeurs, honnêtes gens, leurs insultes ne sauraient vous atteindre.

Ces feuilles insensées et celles qui leur ressemblent, de même que les folliculaires éhontés qui y déposent leur bave, jouissent d'une si minime autorité, d'un si mince crédit auprès des gens sérieux, qu'il n'y a même pas lieu de leur faire l'honneur de s'occuper d'eux davantage. Il y a longtemps que vous devez être blasés sur les insultes et édifiés sur la valeur de ces sinistres saltimbanques.

Néanmoins, comme nous ne tenons pas à rougir,

nous ne voulons jamais recevoir le moindre éloge du parti républicain.

M. Gambetta a dit, du haut de la tribune, en s'adressant aux orléanistes : « L'Empire avait bien mieux que vous compris la force du suffrage universel ». (1)

Que ce *personnage* épargne dorénavant ses félicitations à notre parti ; qu'il ne se permette plus cela et qu'il se le tienne pour dit. Un éloge de lui ou des siens est pour nous une injure. Depuis longtemps, mais depuis cinq ans surtout, nous supportons les attaques insensées, les insultes grossières de son parti ; mais ce que d'honnêtes gens ne peuvent supporter, ce sont ces sortes d'éloges. Nos fautes ne sont pas assez grandes pour mériter le suprême outrage d'être applaudis par des criminels de l'espèce de ceux des traîtres de Septembre, de ces hommes qui n'ont aucun respect pour les *lois*, pour les *administrations*, pour *les droits acquis,* pour la *magistrature* ni même pour l'*armée.*

« L'armée, ont-ils dit un jour, doit être l'armée de la nation, l'armée de la loi. »

Et qui donc, si ce n'est vous, a tenté de corrompre l'armée ? Ne lui avez-vous pas appris que la loi n'était rien, que l'*émeute* devait être la *loi?*... C'est de vous qu'elle tient la manière de violer une assemblée en face d'un ennemi qui applaudissait. Qui donc tentait de la pousser à l'indiscipline et à la révolte, si ce n'est vous ?... Vous souvient-il des *clubs* où vous l'appeliez, des brochures socialistes distribuées dans les casernes et des souscriptions ouvertes pour les déserteurs ? N'est-ce pas vous,

(1) Assemblée nationale, séance du 14 novembre 1875.

qui dans vos proclamations de balcon, lui avez dit que la république passait avant la patrie ? Vous êtes allés plus loin : vous l'avez arrachée, l'armée, à nos généraux, ses chefs directs, pour vous mettre à leur tête, vous, un factieux, s'imposant comme ministre de la guerre, vous, un héros du café de Madrid, soutenu par une bande d'aventuriers de votre espèce !

Qu'attendre de mieux de pareils personnages ?...

Mais ils devraient au moins avoir la pudeur de ne jamais prononcer les mots d'*honneur*, de *patrie* et de *respect des lois !*...

Que les électeurs y prennent garde... Le parti radical est dangereux à cause de son audace et de son manque de scrupules. Il faut, à tout prix, qu'il ne reparaisse plus, fanfaron et menaçant, ce parti de factieux et d'affamés dont l'existence seule est une honte. Il est urgent que les électeurs, en votant pour les candidats impérialistes, endiguent ce flot révolutionnaire, cette fange sociale dont la salubrité publique exige le prompt écoulement.

Lorsqu'ils osent vous injurier jusqu'au point de taxer de *partisans de l'empire* certaines personnalités véreuses, dont les cours d'assises ou les tribunaux correctionnels ont flétri les procédés coupables, certains hommes qui, en vue de tromper l'opinion et de se concilier l'estime publique, affectaient pour notre cause un zèle menteur et se glissaient dans nos rangs où la confiance des honnêtes gens devait leur venir, ce n'est pas la peine de répondre à ce parti d'insulteurs impudents et malhonnêtes, à ces pamphlétaires décriés qui ont reculé la limite du mépris ; ils savent bien qu'ils mentent !...

Il serait d'ailleurs si facile de leur répondre...

Ne voit-on pas, chaque jour, des meneurs de la bande, des républicains avérés aux prises avec la justice ?

Ces misérables, ces gens universellement méprisés, ces cyniques éhontés croient donner le change en usant de ce stratagème charlatanesque, mais tout le monde sait que ce qui est, chez nous, l'exception, est, chez eux, la règle générale ; eux, cherchent chez nous les gens tarés et parviennent à épeler quatre ou cinq noms, encore ce sont des républicains égarés dans nos rangs ; tandis que nous, nous pourrions rechercher chez eux les honnêtes gens, et combien serait courte la liste des noms que nous aurions à inscrire !...

III

Il n'y a jamais eu en France une presse aussi corrompue et aussi corruptrice que la presse républicaine. Ses mœurs méprisables n'inspirent que dégoût ; ce sont des plumes vénales et déshonorées qui, avec une fourberie sans pareille, rédigent ces feuilles de chantage.

Aussi, pendant cette période électorale, tout ce monde-là va se complaire, avec cette désinvolture qui lui est familière, à nous calomnier, à travestir les faits historiques, à mentir impudemment ; ce sera une débauche d'injures. Vous savez,... dans la course aux ânes !... c'est à qui arrivera le premier ; ici, c'est à qui en dira le plus.

Ce qu'il sortira d'aphorismes politiques de la cervelle des mieux élevés d'entre eux même sera incalculable...

S'ils gardent un silence prudent sur les pasqui-

nades politiques dont ils nous ont gratifiés, à diverses
époques, sur les gouvernements terroristes sous
lesquels la France a gémi trois ou quatre fois depuis un siècle; s'ils ne disent pas que M. Louis
Blanc lui-même, un radical à tous crins, a flétri les
actes sanguinaires des *conventionnels* de 1793, leurs
aïeux en révolution, ils nous parleront longuement
de l'*attentat* de Brumaire, mais ils se garderont
bien de direque la France, à peine échappée des
mains scélérates et sanguinaires de la Convention,
se mourait de consomption sous l'imbécillité du
Directoire; qu'à la guillottine allait succéder la ban-
queroute nationale. N'était-il pas temps que le général Bonaparte, dont les services rendus au pays
ne pouvaient être égalés, que ce génie, qui avait
vaincu l'Europe coalisée contre nous, vînt guérir la
France de l'anémie qui la travaillait depuis plusieurs années, situation qui était encore une œuvre
républicaine?...

Le proverbe passera, nous l'espérons (l'expérience nous y autorise), que si une nation est lasse
de la vie, si un peuple veut s'éteindre et se suicider,
il n'a qu'à s'adresser au parti républicain; la recette pour accomplir cette œuvre lui est familière.

Ils vous parleront du « *crime* du 2 Décembre, »
mais ils ne vous diront pas, qu'en 1851, la situation
était très-tendue, que la démagogie était mena-
çante, que le socialisme était à nos portes; que
l'acte du 2 Décembre était rendu nécessaire par de
hautes considérations de salut public; ils ne vous
diront pas que cet acte fut simplement un appel à
la nation. La France, en effet, devait juger qui
avait raison d'un prince, directement nommé par
elle chef du gouvernement, d'un prince voulant

suivre une politique conservatrice en rendant au peuple ses prérogatives : le suffrage universel, et d'une assemblée tiraillée en sens contraire par la haine et l'ambition des partis et par conséquent impuissante à nous sauver de l'immense péril social que nous courrions.

Ils ne vous diront pas que huit jours après, la nation, par un vote enthousiaste que nous ne saurions oublier, donna raison au prince et lui abandonna la somme de pouvoir suffisante pour nous sauver de l'anarchie.

D'ailleurs, au sujet de cet acte du *Deux-Décembre*, nous n'avons qu'à ajouter un mot. Le procureur général de Paris, M. Ingarde de Leffemberg, qui est l'ennemi ou tout au moins l'adversaire déclaré et acharné du parti impérialiste, a dit, lors du procès Cassagnac-Tarbé : « Le peuple a absous le 2 Décembre; le nier, ce serait nier l'évidence (1). »

Que pourrions-nous ajouter à une parole aussi autorisée?... Nous recueillons, nous enregistrons avec joie une déclaration qui vient de si haut.

Ils vous parleront de *Sedan*... Ils vous jetteront à la face la capitulation de cette ville, mais ils oublieront de vous dire (oubli volontaire) que l'Empereur Napoléon III n'était pas général en chef, que la capitulation a été proposée, élaborée, consentie et signée par M. Wimpffen, général en chef. Ils n'ajouteront pas que si le souverain fit arborer le drapeau blanc ce ne fut que dans un but d'humanité; que s'il ne tenta pas, à la tête des troupes hésitantes et débandées, à la tête de troupes qui avaient vaillamment combattu, mais écrasées par une pluie de fer, que s'il ne tenta pas, dis-je, cette fameuse trouée

(1) Assises de la Seine, 13 décembre 1875.

dont on a tant parlé et qui n'eût certainement pas été couronnée de succès, ce ne fut que pour ne pas faire écraser 30 à 40,000 hommes de plus. N'y avait-il pas assez de morts et de blessés ? Fallait-il encore cette hécatombe aux républicains ?...

A ce sujet, ils vous parleront même de *lâcheté*, eux qui, pendant cinq longs mois, se sont honteusement cachés dans les *intendances*, dans les *ministères*, dans les *préfectures* et *sous-préfectures*, dans les *parquets* et dans ce qu'on a appelé les *divers services* de la légation de Tours et de Bordeaux. Demandez plutôt à M. Gambetta et à M. Guyot-Montpayroux qui, comme mobilisés, tombaient l'un et l'autre sous le coup de la loi... Quant au reste de cette triste histoire, il a pour conclusion que, dans ce parti de *patriotes* à tous crins, les trois-quarts ont marché sur les traces de ces deux-là.

Ils vous parleront de milliards, de provinces perdues, mais se garderont bien d'ajouter qu'ils ont tenu les cordons du poële de ce deuil national ; ils ne vous diront pas, ces insensés, qu'ils ont continué une guerre dont l'issue ne trompait personne en présence de la *valeur,* des *capacités* militaires et autres du *général* Gambetta et de ses complices, qui s'était imposé à la France et la pliait sous le joug de ses décrets draconiens.

Et à l'Assemblée de Versailles, à laquelle ils ont refusé la qualité de Constituante, *tant qu'elle n'a pas eu voté la République*, à cette Assemblée qu'ils ont vilipendée, traînée dans la boue, ils lui empruntent néanmoins ses décisions : Nous sommes responsables, disent-ils, des malheurs de la France. Pourquoi donc, tartufes radicaux, vous montrez-vous si fiers de cette décision de l'Assemblée? Cette Assemblée était souveraine ou elle ne

l'était pas, elle était constituante ou elle ne l'était
pas... Pourquoi n'accepteriez-vous pas ou n'auriez-
vous pas accepté toutes ses décisions comme vous
acceptez celle-là? Si elle avait basé la constitution
sur un principe monarchique, si un prince avait
été appelé par elle à régner sur la France, vous
n'auriez cessé de répéter ce que vous avez dit si
souvent, à savoir que cette Assemblée n'avait été
nommée que pour faire la paix ou la guerre, qu'elle
n'avait pas qualité pour *constituer* (etc., etc.). Mais,
dès l'instant qu'elle a voté une constitution républicaine à *une* voix de majorité, oh, alors!.. elle
était, pour vous, ce qu'il y a de plus constituant.
Après ce vote, elle a été pour vous tellement constituante que vous avez brigué ses suffrages pour
être nommés *sénateurs à vie.* Il est vrai que si
vous aviez échoué, si les membres du centre droit
orléaniste avaient été nommés, vous auriez dit
que cette Assemblée avait été *souveraine, constituante,* pour nous doter d'une constitution, mais
qu'elle n'était rien de tout cela pour nommer des
sénateurs; vous auriez trouvé des arguments pour
démontrer *péremptoirement* que c'étaient là des
sénateurs d'occasion. Vous auriez dit que la France
qui avait nommé cette Chambre *à temps* ne lui
avait pas donné qualité pour nommer des pères-
conscrits *à vie.* Vous n'êtes pas embarrassés pour
si peu... Mais, comme tout va pour le mieux dans
le meilleur des mondes, vous vous gardez bien de
protester; ce qui a été fait est bien fait, parce que
ça a été fait en votre faveur. C'est absolument
comme à l'égard de la théorie des coups d'État:
vous protestez contre ceux qui vous chassent du
pouvoir, lors même que vous vous y êtes implantés
sans droit, mais vous ne protestez pas contre ceux

qui ous y portent ; vous en faites même de grandes dates.

Voilà le triste spectacle que ce monde-là offre à la France.

Allez, continuez, beaux masques, nous vous connaissons ; le peuple vous connaît... Travestissez l'histoire tout à votre aise. Dites que Gambetta fut un *grand général* et un administrateur remarquable, Trochu un brillant orateur, Glais-Bizoin un ministre éminent, Jules Favre un profond diplomate, même quand il ne pleurait pas ; dites que Jules Simon fut un sage et Crémieux un Adonis ; ajoutez à cela que les St-Arnaud, les Pellissier, les Magnan, les Canrobert, les Mac-Mahon, en un mot, que toutes les gloires militaires du second Empire n'étaient que de piètres généraux ; dites que les Morny, les Billaud, les Walewski, les Rouher, les Forcade la Roquette et toute cette pléiade de brillants orateurs qui ont honoré la tribune, ou d'écrivains qui ont honoré la presse en défendant l'Empire, dites donc qu'ils ne sont que des pygmées, des avortons, à côté de géants comme vous.

Vos injustices, vos palinodies, vos intrigues, vos arguments cauteleux ne trompent personne ; allez toujours, jouissez de votre reste..., les injures que vous nous adressez ne sauraient nous émouvoir ; le pays sait à quoi s'en tenir sur votre valeur, et sur les calomnies et les insanités que vous débitez!

Il va vous le montrer aux élections.

Il ne veut plus désormais devenir la proie de ce monde *interlope, cosmopolite*, de ces *étrangers* dont le nom seul par sa conformation ou sa désinence sent l'Allemand ou le Génois.

La France sait que ce serait une honte d'abdiquer entre de pareilles mains ; elle a encore quelque souci de sa dignité !...

La France sait très-bien que vos candidats répandent de séduisants programmes, mais elle ne s'y laisse pas prendre, parce qu'elle sait qu'ils restent à l'état de lettre morte ; ils ne donnent que le mirage. Elle est lasse de voyager avec vous au pays des chimères ; elle comprend l'insanité des théories radicales. Elle sait que vous ne voyez, en toutes choses, qu'un moyen de réclame et de parade. Telle a toujours été, d'ailleurs, l'habitude de tous les candidats de votre régime maudit ; vous promettez, mais vous ne tenez rien.

N'avons-nous pas vu à l'œuvre ces vigoureux démocrates, se sauver en ballon, fuir l'ennemi vainqueur, aller de Tours à Bordeaux et de Bordeaux à Saint-Sébastien ; n'avons-nous pas vu ces valeureux patriotes, qui, selon l'expression d'un journaliste célèbre, « n'arrivaient jamais sur les « champs de bataille qu'avec les vautours et quand « tout était fini ? »

Nous avons vu Jules Simon, demandant depuis des années le service obligatoire et lui, ministre, éloignant son fils des champs de bataille, lorsque les jeunes gens de cette même classe étaient bravement appelés à se faire tuer.

Nous avons vu le jurisconsulte, l'avocat Jules Favre, ce personnage de *haute moralité*, falsifiant les actes de l'état civil, donnant son nom au fils illégitime d'une concubine, délit prévu par un article qui conduit au bagne.

Le pays a vu tout cela, et comment voulez-vous qu'il ait confiance en vous, surtout lorsque vous lui parlez de *patriotisme*, de *courage*, de *probité*, de *moralité* et de *respect des lois ?*

La France va se prononcer; appelée dans ses comices, dans quelques jours, elle n'agira pas à la légère. Ce sera sur nos candidats qu'elle portera ses voix, car elle comprend que, seuls, ils sont capables de faire taire les agitations stériles du radicalisme, et les défiances qu'elles provoquent.

La France veut un gouvernement fort, un gouvernement qui garantisse le travail en même temps que les intérêts ; en un mot, *elle veut vivre* et ne pas rester à la merci de quelque coupe-jarret radical. Elle sait que les éléments hétérogènes qui composent le parti républicain ne sauraient constituer un gouvernement sérieux et que sous leur régime les capitaux n'iront pas, d'eux-mêmes, se précipiter dans la poche des passants.

IMPÉRIALISTES

—

I

De l'Empire nous en parlerons brièvement.

Ce régime, qui a donné à la France tant d'années de prospérité, n'a besoin ni d'avocat ni de défenseur.

Nous sommes la victoire de la nouvelle société sur l'ancienne, mais nous sommes aussi l'*ordre*, la *conservation sociale*.

L'Empire avait l'assentiment national, universellement, directement, librement exprimé ; il était la volonté de la France.

Outrager l'Empire, comme le font chaque jour ses ennemis, l'Empire qui a été notre honneur, notre gloire, notre prospérité nationale, c'est outrager la France, c'est la déconsidérer devant le monde civilisé, c'est la découronner en partie devant l'histoire.

Il faut que nos insulteurs sachent qu'il est des hommes intègres, des esprits sérieux, des citoyens ayant le culte de l'honneur de leur pays, qui protestent de toutes leurs forces contre leurs iniques insultes et leurs infâmes calomnies, en leur renvoyant leur bave immonde.

Notre but en nous adressant directement aux

électeurs, c'est de propager les grandes vérités nationales outrageusement dénaturées par ceux-là mêmes qui ont violenté la nation.

Il faut que chacun puisse juger de la bonne foi de nos détracteurs.

Nous n'avons pas la prétention de faire ici une réfutation complète de vos libelles insensés, où sont réunies toutes les infamies en usage contre les hommes et les choses de l'impérialisme, de ces brochures que le citoyen Henri Martin et autres radicaux *de leur métier* répandent à profusion pour tromper le peuple ; non, votre acharnement est si grand contre l'Empire qui revient à grands pas, et que le peuple ne tardera pas à réclamer, vous avez tellement dénaturé les faits et l'histoire, que cette simple brochure ne saurait y suffire ; mais les masses se tiendront en garde contre vos agissements calomnieux, contre les ridicules et odieux mensonges que vous avez l'impudence de répandre dans le public avec autant d'audace que de cynisme.

Ces *Vermesch* peuvent publier à leur aise ces immondes libelles dans lesquels on représente un souverain dont « les cendres sont exilées comme « un malfaiteur couronné, comme un voleur, « un cynique, présidant à Compiègne des divertissements honteux... » Nous dédaignons de répondre à ces calomnies (1).

Demandez donc le reste de cette histoire au républicain About, au démocrate Viollet-le-Duc, eux qui étaient des habitués de Compiègne ; ils pourront vous renseigner sur ce sujet.

Nous pouvons bien supporter qu'on nous injurie quand « par une propagande monstrueusement

(1) Grandperret, assises de la Seine. 13 décembre 1875.

« organisée, ils se sont arrogé le droit d'insulter
« Dieu, de couvrir de boue les croyances religieuses,
« de dire que le soldat catholique est nécessaire-
« ment un lâche, de dénoncer les couvents de reli-
« gieuses comme des lieux de libertinage, de mi-
« ner captieusement les droits de la propriété (1). »

Nous croyons les Français assez intelligents pour
hausser les épaules à la lecture de ces infamies, et
comprendre que de telles insanités, si elles ne sor-
tent de *quelque cerveau fêlé*, ne peuvent être écri-
tes que par des *lâches* ou des *imbéciles*.

Il faut que le peuple des villes aussi bien que
celui des campagnes sache que vous n'êtes que des
misérables, que de méprisables coquins qui se com-
plaisent dans les mensonges et dans l'injure. Il faut
qu'il comprenne que, par d'iniques machinations,
vous attisez les appétits, les colères et les haines
pour arriver au pouvoir et au budget. Il faut qu'il
comprenne, enfin, que vous le poussez toujours à
la révolte, à la révolution, dans un but d'intérêt personnel ; que, vous, fourbes adulateurs qui l'obsédez
de vos flagorneries, vous n'allez jamais aux barri-
cades où vous le conviez, mais que vous vous tenez
au contraire toujours sur les derrières en attendant
le succès, et que si vous n'êtes jamais au feu, vous
êtes toujours les premiers à la curée où vous vous
faites la part du lion.

I I

Ils sont d'une naïveté, d'une outrecuidance ré-
voltante, ces radicaux !... Il en est parmi eux qui

(1) Grandperret, assises de la Seine, 13 décembre 1875,

ont le cynisme d'affecter du dédain à l'égard de
l'Empire. Ils parlent de ce gouvernement comme
d'une chose tout à fait ordinaire...

Affecter du dédain, eux, qui se targuent d'avoir
le culte de la souveraineté nationale !... Ils ne tiennent aucun compte des 5,400,000 suffrages spon-
tanés du 10 décembre 1848 ; des 7,500,000 suffrages du 10 décembre 1851 ; des 7,800,000 suffrages
enthousiastes du 20 novembre 1853 ; des 8,500,000
suffrages du plébiscite de 1870 ; vraiment, c'est à
n'y rien comprendre !...

Avouez donc que vous admirez la souveraineté
nationale seulement *quand elle vous porte au budget*, mais que vous ne sauriez vous courber devant
une décision populaire qui vous rogne les ongles et
vous oblige à rendre gorge...

Il est évident que, pour vous, un vote populaire
qui n'est pas en votre faveur ne saurait être va-
lable.

Avoir l'impudence de tenir aux électeurs, aux
Français, le langage que vos folliculaires leur tiennent chaque jour, c'est avoir bien peu de respect
pour ses lecteurs et les regarder comme une collection d'imbéciles.

C'est en vain que vous cherchez à porter de
grands coups au parti impérialiste ; le parti est assez fort pour résister aux chocs insensés qu'on lui
prodigue. Il a, pour défier les agressions républicaines et autres, la conscience de son droit, le sentiment de sa puissance. Les attaques passeront,
mais l'idée restera... Les erreurs, les mensonges,
les intrigues, les manœuvres s'éteindront, et nous
serons là !... La morgue de ses adversaires ne saurait ni l'intimider ni lui en imposer.

L'Empire a doté la nation d'institutions solides ;

il a fait fleurir pendant de longües années les principes conservateurs contre lesquels les idées subversives se sont toujours brisées à la grande joie
de la majorité des Français... La nation, moins
oublieuse que les parlementaires qui intriguent
dans les couloirs conduisant à la tribune où l'on
prononce les déchéances, se souviendra de l'Empire et de ses institutions qu'elle regarde comme
le *palladium* de la société... Elle y tient spéciale-
ment, elle le montrera bientôt.

Elle sait, la nation, que ce régime d'ordre et de
démocratie n'est tombé que sous la pression armée de l'ennemi aidé par la complicité des factieux
de l'intérieur. Elle a horreur de ces personnages
qui, si longtemps, l'ont fatiguée de leurs tyranni-
ques prétentions et de leur ridicule importance. Le
pays est las des perfidies et des complots des oli-
garchistes de la république ; il est dégoûté, écœuré
du gâchis dont le gratifient les avocats d'aventure.

Il sait, par une expérience trop longue et trop
fréquente, hélas ! que les promesses de ces célèbres
comiques ne sont que de méprisables flagorneries;
il sait que toutes les libertés banales qui figurent
dans le *prospectus* démagogique ne sont là qu'à
titre d'*enseigne*, ne sont formulées *que pour la
forme*, car, *liberté, progrès, bien-être des masses*
et *République* ne peuvent jamais entrer par la
même porte; il sait que *radicalisme* et *tyrannie*
sont deux expressions synonymes.

Nous nous reprocherions d'insister sur ce ramas-
sis d'atroces niaiseries que débite le républicanisme, sur les crimes imbéciles qu'il commet, s'il
n'y avait péril dans le silence ; certains esprits trop
crédules auraient pu s'y laisser prendre.

Le peuple, par son inébranlable patience, par sa

longanimité, a déjoué les projets coupables de la démagogie. Le pays est sauf... Il comprend qu'il faut, à tout prix, empêcher le retour de cette république maudite qui massacre nos grands hommes (car elle a dit : la République n'a pas besoin de savants), de ce gouvernement qui assassine sur la place Vendôme de paisibles citoyens, qui fusille rue Axo, qui dresse le couperet place de la Concorde, qui traîne à coups de pied d'honnêtes gens à la Seine, qui incendie nos monuments publics après les avoir enduits de pétrole; de ce régime dont les sectaires immondes ne sont que des chevaliers de guet-apens qui tuent dans les chemins de ronde de la Roquette, qui assassinent lâchement les Bréa, les Darboy, les Lecomte, les Bonjean, et répand la terreur sur tout ce qui l'environne.

Ce n'est pas sans mépris que la France regarde cette faction qui triompha au 4 septembre et au 18 mars : car c'est, à peu de chose près, la même. La France honnête en est lasse...; elle est lasse de ces moralistes de café, de ces réformateurs de taverne, de ces chevaliers du zinc que l'on voit dès le matin, le *Siècle*, le *Rappel* ou la *République française* à la main, titubant dans les rues, s'ils ne se roulent pas déjà dans le ruisseau et qui osent publiquement faire l'apologie des crimes de ceux dont ils sont les séides et les comparses.

Elle est lasse de tout ce monde, la France, elle le repousse, elle le honnit...

Elle votera pour les candidats représentant les principes qui, pendant tant d'années, ont fait la prospérité du pays, pour des candidats qui veulent le progrès moral en même temps que le progrès matériel.

Nous ne dirons pas ici jusqu'à quel sommet l'Empire a élevé ces deux genres de progrès... Le peuple le sait.

Il a adouci les mœurs, car il n'y a plus de catégories de classes dans la société; l'homme du peuple a autant de pouvoir politique qu'un premier ministre. Il a rendu la vie aisée, les relations, les études, les échanges plus faciles. Nous sommes libres-échangistes contre le monde légitimiste, orléaniste, et républicain modéré, qui est protectionniste.

Le commerce, l'industrie ont-ils jamais été plus florissants? L'agriculture a-t-elle jamais été plus favorisée?...

Quel est celui de vos régimes républicains qui aurait atteint ce degré de prospérité, s'ils ne s'étaient tous abîmés dans la honte et dans l'anarchie?...

Combien de prolétaires d'hier sont de petits bourgeois aujourd'hui, sinon de grands industriels?

Combien sont-ils ceux qui, lorsque la richesse publique prenait des proportions aussi considérables, ont été mis en possession de l'aisance et de la fortune?... Comptez!... Le nombre en est incalculable...

Niez donc cela, messieurs de la fusion, et vous aussi messieurs les radicaux!...

Napoléon III et son gouvernement tout entier encouragèrent ce développement et se dévouèrent à cette œuvre... Vous êtes bien forcés d'en convenir... A quoi serviraient vos dénégations?...

Vous avez beau dire,— mais cela caractérise un règne.

D'ailleurs, vous avez beau nier, vous avez beau mentir, nous dédaignons profondément vos injures et voici pourquoi : nous constatons que les colères et les haines contre l'Empire sont surtout du côté des gens immoraux et des coquins; les honnêtes gens lui en savent quelque gré.

Le mot *infâme* adapté à l'Empire est un mot de convention dans le monde républicain ; cela ne saurait nous troubler... Il n'est pas *politicien* de faubourg, *avocat* de taverne ou de barrière qui n'emprunte aujourd'hui cette expression à leurs chefs de file et viennent après eux nous donner le coup de pied de l'âne; nous en sommes presque satisfaits!...

Nous aimons mieux cela... Votre fréquentation, d'ailleurs, est rebutante pour un homme qui se respecte; vous ne vous servez que de procédés hideux.

Vous poussez l'impudeur jusqu'à inventer de faux *petits-papiers* que vous dénommez : *circulaires bonapartistes*. Vous les déposez dans des wagons de première classe; vous les *trouvez* très-facilement, et alors un Girerd quelconque a la naïveté de les porter à la tribune. Le procédé n'est pas très-malin, comme vous voyez...

Vous n'avez ni le respect de vous-mêmes ni le respect des autres. Vous lancez vos injures contre ce qu'il y a de plus honorable.

Les morts eux-mêmes ne sont pas à l'abri de vos insultes et de vos calomnies.

Pensez-vous, vous petites gens, vous hommes sans valeur, sans autorité, pensez-vous pouvoir ternir la mémoire d'un honnête homme, d'un grand souverain, de Napoléon III, de ce prince aux mœurs douces, aux manières courtoises, qui, par trop de longanimité, supporta, trop longtemps peut-être, vos critiques éhontées pendant qu'il était au pouvoir ?...

Prétendez-vous retirer les sympathies de la France à son auguste veuve si cruellement frappée par le malheur? Allez !... vous n'y parviendrez pas...

La France se rappellera toujours qu'elle fut la providence des pauvres.

Et leur fils, ce jeune prince plein de distinction, qui possède des qualités bien au-dessus de son âge et que vous chercheriez en vain à méconnaître, pensez-vous pouvoir faire que la France ne se souvienne de lui un jour ?...

Que peut donc vouloir tout ce monde-là à la famille Bonaparte et aux impérialistes? Que leur a-t-il fait, l'Empire !... Vraiment, ils font pitié !...

Le pays est persuadé que ce ne sera qu'en votant pour les candidats de l'appel au peuple que toutes les administrations publiques pourront être sérieusement organisées, que l'ordre moral aussi bien que l'ordre matériel pourront être rétablis, que le crédit public sera reconstitué, les intérêts rassurés, les ateliers repeuplés. Oui, le pays le sait; ce n'est que lorsque nous aurons obtenu, puisque c'est légal, puisque l'article 8 de la Constitution nous y autorise, puisque *c'est notre droit*, la révision des lois constitutionnelles par voie d'appel au peuple, ce n'est qu'alors, dis-je, mais alors seulement, que la prospérité renaîtra... Aussi votera-t-il dans ce sens...

CONCLUSION

—

I

Electeurs, le moment psychologique est là !... La république vous talonne,... prenez garde ! Il ne s'agit pas de s'endormir dans les délices de Capoue.

Il faut donc, pour tout homme qui veut être conservateur, bien choisir ses candidats, ne pas rester inactif, agir vigoureusement auprès de ses connaissances et de ses amis, leur faire comprendre ce que valent les articles de journaux, les *factums*, les brochures plus ou moins épileptiques des républicains, leur montrer la profondeur de l'abîme où veulent précipiter la France les énergumènes du radicalisme et les orléanistes, contempteurs du suffrage universel, qui se sont alliés à eux au 25 février en votant des lois constitutionnelles républicaines ; il s'agit d'aller aux urnes avec confiance et avec une idée bien arrêtée, mais il faut, au préalable, avoir fait son devoir. Arrière, diront les vrais conservateurs, arrière aux candidats dont les doctrines livreraient infailliblement le pays aux agitations successives de l'émeute et de l'anarchie.

Ne permettez pas, qu'après les élections, on puisse vous adresser cette apostrophe terrible :

« Conservateurs stupides, quel édifiant spectacle
« avez-vous encore donné là ?... Conservateurs qui
« ne savent rien conserver et qui êtes toujours
« prêts à abandonner ceux-là mêmes qui se dé-
« vouent à votre défense.

« Les révolutionnaires au moins ont cela de bon
« qu'ils sont fidèles à leurs chefs. Dès qu'ils sen-
« tent qu'un homme travaille efficacement à l'effon-
« drement, à la destruction de la société, à l'anéan-
« tissement de la religion, ils se souviennent envers
« et contre tout, tandis que dans cette pitoyable
« armée que l'on appelle « l'armée de l'ordre »
« chacun exige la victoire sans vouloir se battre ;
« après quoi, quand le chef subit un échec, on
« l'abandonne pour en chercher un autre (1). »

Ne permettez pas, conservateurs, qu'après les
élections on puisse vous tenir un tel langage. Ne
laissez pas la France s'éteindre dans la consomption républicaine sans crier : gare !...

Voter pour les républicains, pour les épaves du
communisme et du socialisme, ce serait une révolution, un *régime de terreur* peut-être à courte
échance, prenez-y garde.... Il ne serait plus temps
après de verser des larmes de crocodile... Vous êtes
avertis... Les évasives, les subterfuges, les discussions byzantines ne seraient plus de saison. Ce que
vous auriez *fait* serait *bien fait*.

Mais votre prudence, votre sagesse va les éloi-
gner de nos Assemblées délibérantes ; l'ostracisme
va les rejeter comme des membres gangrenés de la
société ; ils ne tarderont pas à comprendre qu'il est
temps pour eux de mettre une sourdine à leur
enthousiasme.

(1) Saint-Genest, *Figaro* du 21 décembre 1875.

Repoussez énergiquement les complices de Gambetta, ce cyclope que l'antagonisme de l'intransigeant Naquet a fourbu.

Allez aux urnes avec confiance. Ne vous laissez
intimider, ni par les promesses gouvernementales
des agents trop zélés, ni par les menaces vaines et
surannées des républicains qui, parce qu'ils crient
très-fort, croient avoir raison.

M. Buffet, d'ailleurs, homme recommandable
parce qu'il a la haine du radicalisme, ce qui est le
commencement de la sagesse, nous a promis la
liberté des élections.

Aussi le gouvernement, s'il veut, comme il l'a
annoncé par la voix du vice-président du conseil,
que la liberté électorale reste entière, ne combattra
pas les candidats révisionnistes, selon le conseil
que lui donnent certains LIBÉRAUX, car ce serait
faire de la candidature officielle au profit de la
république et fausser, du même coup, l'esprit et la
lettre de la Constitution.

D'ailleurs, si le gouvernement croyait avoir à re-
commander au suffrage des électeurs certains candidats, il serait bon qu'il distinguât bien les conservateurs et qu'il les vît là où ils sont : « Je désire,
« a dit M. Buffet, que le pays ne se fasse pas illusion
« sur les dangers qu'il pourrait courir si le gou-
« vernement l'abandonnait à lui-même... Grâce à
« notre concours et à nos efforts, le péril pourra
« être conjuré (1). »

Nous sommes de son avis ; mais il ne faudrait pas
forcer la note. Nous savons que M. le maréchal de
Mac-Mahon, que M. Buffet au pouvoir, nous n'aurons pas à craindre les agitations et les révolutions

(1) Assemblée nationale, séance du 24 décembre 1875.

de la rue; les radicaux se tiennent dans l'ombre, les passions subversives ne se donnent pas carrière quand au pouvoir se trouvent des hommes énergiques : « L'émeute, si elle se montrait jamais, serait « vigoureusement réprimée (1). » Mais l'étiquette *République* laisse dans l'incertitude sur le choix des hommes qui se succèderont à la présidence; l'intrigue, sous ce système gouvernemental, peut fausser la volonté du pays et il est trop tard pour crier quand on a la chaîne déjà rivée au cou.

Les socialistes, les communistes, les radicaux comme les Perrin et les Naquet, qui ont des relations avec les déportés de la Commune; ceux qui, comme les Lockroy, représentent la Constitution comme « une *carpe* devenue *lapin*, comme le fruit d'un vol commis dans l'Assemblée, transformée en forêt de Bondy »; ceux qui, comme les Louis Blanc, reprochent à cette même Constitution d'être en contradiction avec le principe républicain; ceux qui, comme les Gambetta et comme les Jules Favre, ne paraissent satisfaits de l'accepter que pour se rendre maîtres de la place et pouvoir l'anéantir plus facilement; ceux qui, comme les d'Audiffret, les Bocher, les de Broglie, veulent, *en attendant*, la mettre sous la protection vigilante du duc d'Aumale ou du comte de Paris, tous ces messieurs pourraient se dire *constitutionnels* et *conservateurs*, tandis que nous, impérialistes, qui acceptons la Constitution telle qu'elle est, avec sa clause de révision à l'époque déterminée par elle, nous qui avons toujours été les plus ardents défenseurs des lois, de la magistrature, du clergé, nous qui avons toujours regardé comme sacrés les principes

(1) Assemblée nationale, séance du 24 décembre 1875.

4*

qui sont les bases mêmes et les fondements de
l'État social, nous qui avons toujours défendu, en
un mot, tout ce qui est respecté et respectable,
nous ne serions que des révolutionnaires, des candidats anti-constitutionnels ? Allons donc !...

Il serait bon que le gouvernement se pénétrât
bien de cette vérité, que ce qui mine les lois, ce
qui fait fomenter les éléments de trouble que les
révolutions ont accumulés, que ce qui tue les gouvernements et prépare les grandes destructions
sociales, ce sont les tergiversations des gouvernants, les ménagements que l'on a pour les doctrines, sinon des forbans de la Commune, du
moins des traîtres de septembre, les doctrines des
Jules Favre et des Gambetta.

Nous savons que M. Buffet lutte vigoureusement
contre ces personnages dont la conduite politique
est aussi équivoque que les mœurs ; mais ira-t-il
résolument vers les vrais conservateurs qui *peuvent*
les vaincre ?... Ceux qui se regardent comme les
conservateurs de la société, de quel côté vont-ils
porter leurs coups ?.. Verront-ils où est l'ennemi
véritable !.. Ne prendront-ils pas pour des per-
turbateurs, les plus fermes défenseurs des idées
conservatrices ?

M. Ingarde de Leffemberg, qui avait sans doute
oublié son lorgnon, ou omis d'éclairer sa lanterne,
prenait bien, il y a quelque temps, M. Paul de
Cassagnac pour un révolutionnaire, pour un factieux qui prêche des doctrines subversives !.. Quel
démagogue que ce monsieur de Cassagnac !...

Puisse M. Buffet n'être pas atteint de la même
myopie mentale !...

Nous demandons donc à M. Buffet et à ses
agents de voir les vrais conservateurs là où ils sont,

car c'est être réellement conservateurs que d'accepter la constitution du 25 février telle qu'elle est, c'est-à-dire avec l'article 8, stipulant la clause de révision que nous ne solliciterons que légalement et constitutionnellement quand l'heure aura sonné.

Selon notre droit, nous demanderons alors le changement d'une étiquette qui, aux yeux des conservateurs, est une imperfection constitutionnelle et d'un système gouvernemental qui, selon M. Dufaure, « ne peut que nous conduire à l'abîme » et selon M. Thiers, nous amener les plus grands maux : « la République, a-t-il dit, finit toujours dans le sang ou l'imbécillité. »

Donc, si le gouvernement veut, comme l'a dit M. le Vice-Président du Conseil, dans un langage aussi honnête qu'élevé, aussi éloquent que patriotique, que les membres de la future Assemblée « ne soient préoccupés que de la meilleure politi- « que à suivre, des meilleures lois à faire», s'il veut que l'on ne songe «qu'à la préservation sociale, « qu'à faire obstacle à ces programmes anti-sociaux « qui se produisent, qu'à leur opposer une digue « insurmontable, qu'à les rendre non-seulement « inopportuns aujourd'hui, mais toujours, car ils « sont toujours mauvais, toujours dangereux (1);»

Si le maréchal de Mac-Mahon veut, comme il l'a dit dans son message, à la date du 13 janvier 1875, « désarmer ceux qui pourraient troubler la sé- « curité du pays dans le présent et décourager « ceux qui le menacent dans l'avenir par la pro- « pagation de doctrines anti-sociales et de pro- « grammes révolutionnaires » ; si le cabinet tout

_____

(1) Assemblée nationale, séance du 24 décembre 1875.

entier, si M. Buffet veut que de si belles paroles soient couronnées de succès, il n'y a qu'une ligne de conduite à suivre et les honnêtes gens le béniront de l'avoir suivie : union conservatrice sur nos candidats qui, *seuls*, remarquez-le bien, peuvent lutter avantageusement contre le radicalisme, ou tout au moins liberté complète des élections.

Le gouvernement verra alors comment seront traités, par le suffrage universel, les pîtres éhontés qui se sont complus à nous injurier ; ceux qui ont toléré les misères faites à notre parti et qui ont fait des gorges-chaudes de nos douleurs.

Il verra que les masses ne sont pas démagogues ; elles peuvent se laisser corrompre ou intimider pendant un temps par les menées de quelques audacieux, mais elles viennent bientôt à l'ordre qui sauvegarde les intérêts et assure la propriété.

Il verra comment le peuple sait apprécier que, *seuls*, nous pouvons sauver le maréchal et la France ; que, *seuls*, nous pouvons sauver le pays de la honte et du péril de l'anarchie, parce que, *seuls*, nous descendons dans l'arène, nous entreprenons la lutte, dans ces élections, avec l'esprit conservateur et avec l'intention de connaître les besoins de la nation et de repousser la démagogie qui conduit aux abîmes.

Il verra comment seront traités, par le suffrage universel, les d'Audiffret, les Savary, les Bocher, les Lambert Sainte-Croix qui ne sont plus regardés, en France, que comme des ambitieux et des révolutionnaires, puisqu'ils s'allient aux radicaux pour tenter de faire échouer le seul parti conservateur qui puisse sauver le pays. A ces injustes insulteurs, à ces injustes persécuteurs qui ont fait, contre nous, la république, le pays dira : Vous avez voté le 25 février 1875 avec la bande à Gambetta et à Naquet, restez en aussi belle compagnie... Vous êtes dignes de vous entendre...

Il verra que les électeurs patriotes savent apprécier de tels agissements et, pour l'honneur de la France, ces candidats ne seront pas réélus.

D'ailleurs, dès l'instant que ce monde-là nous traîne dans la boue parce que nous sommes Impérialistes, nous avons le droit de nous glorifier de notre opinion.

II

La France va parler haut et clair. Elle ne versera pas dans le fossé rouge. Elle a horreur des bavards, des ambitieux, des intrigants, des insulteurs et des bateleurs de balcon qui ne pérorent et ne font des révolutions que dans le but *d'économiser* de quoi devenir des bourgeois au petit-pied.

La France saura se sauvegarder de la rougeole, et quand l'heure sera venue, avec un plébiscite libre, elle reléguera le parti républicain, le parti des aventuriers, dans ces recoins de gauche d'où on n'aurait jamais dû le laisser sortir. Le pays le prise à sa juste valeur.

Le peuple se rappellera qu'il a été, lui, cette phalange serrée de 8,000,000 d'électeurs que l'Empire satisfit. Il n'est pas plus engoué aujourd'hui qu'alors des gouvernements de hasard; les révolutions à courte échéance l'effrayent comme alors sans doute. Eh bien! il s'agit de savoir si l'on veut la fin de la France ou sa rénovation et sa prospérité : il s'agit de se prononcer.

La nation terrifiée par l'image du radicalisme

votera pour des candidats qui puissent en imposer aux ambitieux de bas-étage qui voudraient recommencer leurs farandoles sanguinaires. Elle a vu les candidats orléanistes ou légitimistes échouer dans les élections partielles. Leurs princes eux-mêmes se retirent de la lutte, et n'osent se présenter aux suffrages de leurs concitoyens.

C'est pourquoi les électeurs qui sont réellement conservateurs viendront à nous qui représentons un ordre de choses capable de museler le radicalisme.

D'ailleurs, les représentants du droit divin aussi bien que ceux du régime censitaire ont fait leur temps. Seuls, les représentants du droit populaire sont en situation de faire appel au pays.

« Ce qu'il faut à la France c'est une autorité vi-
« rile capable de rassurer les honnêtes gens. L'im-
« précation contre les doctrines radicales doit être
« le cri de ralliement de tous les hommes d'ordre.
« Il n'y a point de transaction possible avec ces
« partis qui veulent l'abolition de la religion, la
« destruction de la société ; il faut condamner sévè-
« rement ces détestables tendances ; le sentiment
« d'horreur qu'elles inspirent sera un des ressorts
« par lesquels se relèvera le salutaire principe d'au-
« torité si compromis dans les luttes d'aujourd'hui,
« l'un des leviers qui mettront sur le pavois ce
« qu'une insurrection, complice de l'ennemi, a
« voulu détruire (1). »

Le peuple français convoqué dans ses comices, appelé dans quelques jours à élire une Assemblée

(1) M. Rouher, discours prononcé à Bastia le 3 octobre 1875.

de laquelle dépendra la prospérité du pays, se rappellera ces sages conseils ; il goûtera ce langage si vrai, si digne, si élevé, si patriotique. Il votera pour les candidats impérialistes qui promettent un loyal appui, un énergique concours au maréchal de Mac-Mahon contre le parti de la révolution qui se cache et qui se tait, qui attend son heure, mais n'a pas désarmé, le parti de la révolution qui fait *patte de velours*, qui fait la *chattemite*, comme dit le bon La Fontaine ; on a pu le voir par la lettre de Gambetta à un conseiller municipal de Cahors, par le discours-programme de M. Jules Simon, à la date des premiers jours de janvier ; il votera pour nos candidats qui, « quand la révision sera reconnue « nécessaire, demanderont que le pays lui-même « soit appelé à choisir son gouvernement définitif. « Aucun établissement solide et durable ne pou- « vant être, désormais, fondé en dehors de la vo- « lonté nationale directement manifestée (1). » Il mettra au rancart le parti légitimiste et le parti orléaniste, qui ne sont plus de notre époque : Nous sommes le suffrage universel, leur dira-t-il, nous ne voulons plus de votre joug. Nous sommes le peuple... Nous voulons un gouvernement fort mais populaire.

Le peuple français n'acceptera pas non plus le compromis que les Dufaure du ministère veulent lui imposer.

Il saura se dégager des candidatures plus ou moins ministérielles qui n'arborent aucun drapeau, si ce n'est celui de l'équivoque, mais qui sentent leur orléanisme d'une lieue ; il se rappellera

_____

(1) Correspondance de la presse conservatrice, 7 janvier 1876.

les faits et gestes du républicanisme, du radicalisme et il votera pour les candidats de l'*appel au
peuple.*

Alors la prospérité de la nation renaîtra, l'ordre
sera triomphant et notre honneur sera sauvé.

FIN

Paris. — Typographie Tolmer et Isidor Joseph, 43, rue du Four. — 143.

www.ingramcontent.com/pod-product-compliance
Lightning Source LLC
Chambersburg PA
CBHW070931280326
41934CB00009B/1828